추리소설의 세계

차례
Contents

추리소설이란 무엇인가

개구리 소년과 화성 연쇄 살인 사건

2002년 9월 26일 오전 대구시 달서구의 와룡산 중턱에서 일단의 유골이 발견됐다. 유골들을 수습하는 과정에서 경찰은 유품 등 여러 가지 정황으로 미루어 이들 유골의 주인공이 11년 전 실종된 5명의 속칭 '개구리 소년'들이라는 사실을 밝혀냈다. 온 국민은 오랜 세월이 흘러 기억조차 가물가물해진 이 사건을 다시 떠올리며 한동안 충격에서 벗어나지 못했다. 1991년 3월 26일 대구 성서초등학교에 다니던 5명의 어린이들이 와룡산에 개구리를 잡으러 간다며 집을 나간 뒤 실종돼 온갖 억측을 자아내게 했던 이 사건은 정확히 11년 6개월 만에 실종된 어린이들이 유골로 발견됨으로써 해결의 실마리를 잡게 된 것이다.

점차 희미해져 가기는 했지만 이 사건은 모든 사람들에게 마치 '미스터리란 무엇인가'를 일깨워 주기라도 하듯 흥미와 관심을 갖게 했으며, 소년들의 유골이 발견되면서 그 흥미와 관심은 새로운 방향으로 증폭되고 있다. 대개의 경우 죽음은 '사건의 종말'을 의미하지만 사람들의 관심은 죽음 그 자체로서 끝나는 것이 아니라 죽음의 과정, 곧 '누가, 언제, 어디서, 왜, 어떻게 죽었느냐(혹은 죽였느냐)'에 쏠리게 마련이다. 추리소설이란 쉽게 말하자면 그 과정을 문학작품으로 만들어 독자들과 함께 그 궁금증을 풀어가는 소설문학의 독특한 유형이다.

'개구리 소년' 사건이 발생했을 때 사람들의 일차적 관심은 '도대체 살아 있느냐, 죽었느냐'에 집중됐고, 뒤이어 그 두 가지 경우에 대한 온갖 추측들이 꼬리를 물었다. 물론 '살아 있는' 경우에도 여러 가지 추리가 나올 수는 있다. 가령 북한측에 의해 납치됐으리라는 추리, 누군가 이들을 범죄에 이용하기 위해 은밀하게 감금하고 있으리라는 추리 혹은 소년다운 호기심이나 모험심이 발동해 밀항 등의 방법으로 외국 어느 나라에 건너가 살고 있으리라는 추측 따위가 그것이다. 그러나 어린이들이 모두 죽었다고 가정할 경우 그 배경에 대한 추리는 한층 복잡하게 전개되기 마련이다. 이들이 모두 천재지변이나 사고에 의해 자연사했을 가능성에 무게를 둔다면 물론 사건에 대한 추리는 단순해진다(한때 경찰은 소년들이 깊은 산

속에서 길을 잃고 헤매다가 추위와 굶주림을 이기지 못해 죽었을 가능성을 제시했고, 많은 사람들이 그런 추측에 동조했다).

그러나 사람의 심리 속에 잠재해 있는 추리력을 본격적으로 발동케 하는 것은 이 어린이들이 자연사했을 경우가 아니라 어떤 범죄에 연루돼 모두 타살됐을 경우다. 예컨대 어린이들이 어떤 끔찍한 범죄사건에 이용된 뒤 혹은 어떤 범죄의 현장을 목격했다가 범인들에 의해 살해됐을는지도 모른다는 추리, 또한 가능성은 극히 희박하지만 장기(臟器) 밀매업자에 의해 살해돼 장기가 적출된 후 아무도 모르는 곳에 매장됐을는지도 모른다는 추리 같은 것들이 나올 수 있다.

1980년대 후반 경기도 화성지역에서 발생한 부녀자 연쇄살인사건도 마찬가지다. '개구리 소년' 사건은 5명의 소년이 함께 실종됐다가 10여 년 만에 한꺼번에 유골로 발견돼 그나마 사건 해결의 실마리는 잡은 셈이지만 화성 사건은 피해자의 연령층도 각기 다른데다가 범행의 수법과 장소 그리고 시간마저 각각 달라 사건 배경에 대한 추리적 호기심이 더욱 강하게 작동한다. 가령 신문에 다음과 같은 내용의 기사가 실렸다 하자.

경기도 화성 일대에서 10명의 부녀자가 한 달 내지 두 달 간격으로 연쇄 피살됐다. 피해자의 연령층은 10대 후반에서 60대까지로 다양하고, 살해된 방법도 목 졸려 죽거나 칼에 찔려 죽거나 산 채로 매장돼 죽는 등 여러 가지 유형이다. 범행 시간도 초저녁부터 새벽 4-5시로 각각 다르며, 범행 장소도 야산이거나 인적이 드문 숲속 등 각양각색인데 특기할 만한 것은 피해자 모두가 성폭행을 당한 것은 아니지만 성폭행을 당한 6명의 피해자 가운데는 60대의 여인도 포함돼 있다는 점이다. 피해자의 소지품 가운데 없어진 것이 없는 것으로 봐서 금품을 노린 단순 강도는 아닌 듯한데 범인은 단서가 될 만한 아무런 흔적도 남기지 않아 용의주도한 지능범으로 보인다.

자, 이런 기사를 읽었다면 당신은 우선 무엇을 생각할 것인가. 무엇보다 살해 동기, 곧 '왜' 죽였는가를 생각할 것이다. 희생자가 모두 여성이므로 얼른 떠오르는 것이 성(性)과 관련된 문제일 것이다. 곧 범인이 성도착자이거나 순간적인 성충동을 일으켜 피해자를 성폭행하고 살해했을 가능성이다. 그러나 성폭행을 당하지 않은 피해자도 있다고 하니 그 가능성은 반반이다. 금품을 노린 단순 강도도 아닌 것으로 간주된다면 그 다음에 떠오르는 것은 원한 혹은 치정에 얽힌 살인사건일 가능성이다. 경찰이 다각도로 수사한 결과 거기에 혐의를 둘 수도 없다고 한다면 이제 당신의 추리적 상상력은 더 이상 나아가지 못한다.

이러한 전제를 가지고 당신이 추리작가가 되어 소설을 쓴다면? 우선 동기 없는 살인, 예컨대 '불특정 다수'를 겨냥한 우발적 살인(영국 작가 콜린 윌슨(Colin Wilson)이 쓴 『현대 살인

백과』를 보면 실제로 세계 곳곳에서 이런 살인이 많이 발생하고 있음을 알 수 있다)을 생각할 수도 있겠지만 그것은 추리소설의 소재가 되지 못한다. '왜'라는 데 대해 설명할 방도가 없기 때문이다. 추리작가가 일차적으로 생각해야 할 것은 범인과 피살자 혹은 피살자들 서로간의 인과(因果)관계를 설정하는 일이다. 앞에 얘기한 우발적 살인을 예외로 한다면 이 세상에서 벌어지는 모든 살인사건은 범인과 희생자 간의 인과관계에 의해 이루어지며, 그것은 목적 없는 살인이란 있을 수 없다는 말과도 통한다. 추리작가가 범행의 전모를 밝혀내기 위해 집요하게 파고들어야 할 것이 '왜'와 '어떻게'라면 범인과 희생자 간의 인과관계는 '왜'와 '어떻게'를 알아내는 첩경인 것이다.

범인과 피해자 혹은 피살자들 서로간의 인과관계를 어느 정도 엿볼 수 있게 됐다면 이제 당신은 사건의 핵심으로 한 걸음 더 다가선 셈이다. 당신의 추리적 상상력은 다시 바빠질 것이다. 이 단계에서 희생자의 시체는 중요한 구실을 한다. 죽은 자는 말이 없다지만 시체는 침묵의 언어로서 범행의 전모를 밝히는 데 반드시 필요한 여러 가지 단서들을 제공하기 때문이다. 그래서 저명한 추리작가와 이론가들은 살인사건을 다루는 추리소설의 기본 원칙 가운데 하나는 우선 시체가 있어야 한다는 것이라고 입을 모은다. 이 말은 바꿔 말하면 살인사건을 다루는 추리소설에서 시체가 등장하지 않는다면 탐정·범인·희생자 등 추리소설의 필수적인 세 가지 요소 가운데 한 가지가 빠지는 것과 마찬가지라는 것이다.

　다시 현실의 사건으로 돌아와 보자. '개구리 소년' 사건이 발생했을 때 경찰은 '만약 소년들이 죽었다면 시체부터 찾아야 하고, 시체만 발견된다면 사건은 해결된 거나 마찬가지'라고 장담을 했었다. 그러나 소년들의 유골이 발견된 지 여러 달이 지났음에도 경찰은 '타살이 확실하다'는 결론만 내렸을 뿐 사건의 배경은 아직도 안개 속을 헤매고 있다. 더구나 화성의 연쇄 살인사건은 처음부터 시체가 있었는데도 불구하고 사건 해결에 도움이 될 만한 아무런 단서도 얻지 못했다. 그래서 이들 두 개의 사건은 '영구 미제(永久 未濟) 사건'이 될 가능성이 있다는 말까지 나온다. 실제로 우리 사회에는 크고 작은 미제 사건들이 얼마든지 있다. 사건을 해결해야 할 경찰이 사건을 해결하지 못하면 사건을 둘러싼 사람들의 추리는 더욱 바빠진다. 그런 까닭에 '미제 사건이 많은 사회일수록 추리소설은 읽히지 않는다'는 말도 꽤 그럴듯하게 들린다.

추리소설의 일차적 과제

　어느 시대, 어느 사회에서도 마찬가지겠지만 이처럼 사건이 복잡하면 복잡할수록, 거기에 깊이 빠져들면 빠져들면 인간의 추리 심리는 더욱 다양한 방향으로 전개된다. 때로는 자기 자신이 피해자가 되거나 가해자가 되기도 하고, 또 사건의 해결사가 되기도 한다. 살인사건이 발생하고 해결돼가는 과정에서 밝혀진 사건의 전모가 자신이 앞서 생각했던 것과 일치하게 되면 사람들은 마치 자기 자신이 사건을 해결하기라도 한 것처럼 희열을 느끼게 된다.

그것은 '미로(迷路) 찾기' 게임이나 수수께끼를 알아맞혔을 때 느끼는 희열과 비슷하다. 복잡하게 얽혀있는 미로의 출구를 찾아내거나 수수께끼를 풀기 위해서는 단서, 곧 실마리가 필요하다. 단서를 뜻하는 영어의 'clue'라는 단어가 그리스 신화로부터 비롯됐다는 사실은 매우 흥미롭다. 그리스 신화에서는 이를 '길을 인도하는 실'이라고 한다. 괴물 미노타우로스를 죽이기 위해 그레타 섬의 미궁(迷宮)으로 들어간 테세우스가 무사히 탈출할 수 있게 하기 위해 아리아드네가 실타래를 주었다는 이야기에서 유래한다. '개구리 소년' 사건이나 화성 연쇄 살인사건에 대해 추리하는 것은 바로 미로의 출구로 인도하는 실타래를 한 가닥씩 풀어가는 과정이라고 할 수 있다.

그런데 탐정(사건을 수사하는 경찰의 역할을 포함해서)과 범인과 희생자가 추리소설을 구성하는 세 가지 요소라고 할 때, 초점이 어디에 맞춰지느냐에 따라 추리소설로서의 성격과 개념은 조금씩 달라진다. 탐정의 활약상을 중심으로 이야기가 펼쳐지는 경우도 있고, 범행의 세부적인 묘사에만 치중하는 경우가 있는가 하면 희생자의 입장에서 이야기를 풀어나가는 경우도 있다. 작가가 그 가운데 어느 쪽에 중점을 두느냐에 따라 추리소설의 성격이나 개념은 물론 용어조차도 달라지지만 그에 대한 상세한 해석은 뒤로 미루기로 하고 여기서는 일단 정통적이며 보편적인 추리소설의 개념으로 이야기하기로 하자.

'개구리 소년' 사건이나 화성 연쇄 살인사건에 대해 사람들이 생각하고 추리하는 것과 똑같이 추리소설은 어떤 사건(대개는 살인사건)을 제시해 놓고 독자로 하여금 탐정과 함께 그 사건 현장의 중심에 서서 생각하고 추리하게 하는 기능을 갖는다. 물론 독자의 생각과 추리는 소설 속에서 전개되는 상황과 일치할 수도 있지만 다를 수도 있는데 독자의 생각과 추리를 사건의 결말과는 다른 방향으로 유도하는 것이 추리소설의 일차적 과제다. 독자와 추리소설의 추리가 일치하게 되면 흥미가 반감될 뿐만 아니라 긴박감도 훨씬 떨어지기 때문이다. 대개의 추리소설은 우선 독자들을 사건의 현장으로 안내하고 나서 여러 가지의 단서를 제시하고 하나하나의 단서마다 복선(伏線)을 깔아놓은 다음 독자에게 묻는다. '당신은 그 여러 개의 복선 가운데 어느 것을 따라 가겠는가.' 가령 어떤 소설 속 살인사건에서 여러 명의 용의자가 등장한다. 그 가운데는 물론 범인이 포함돼 있지만 일단 작가는 독자들이 범인을 쉽게 눈치 챌 수 있는 혐의 선상에서 가급적 멀리 떨어진 곳에 배치한다. 왜냐하면 범인이 누구인지 아무나 알 수 있는 사건은 추리소설로서의 올바른 태도가 아니기 때문이다. 범인이 실제로는 가까운 곳에 있는데도 아주 멀리 있는 듯 느끼게 하는 것, 그것이 추리소설에서 말하는 이른바 트릭(trick)이다.

그래서 추리소설은 우선 사건이 미로를 헤매는 것처럼 복잡해야 하고, 가급적 용의자가 많이 등장해야 하며, 진범은 끝까지 은밀하게 감춰져 정체를 드러내지 말아야 한다는 게 기본적인 정석이다. '추리한다'는 것은 본래 논리의 영역에 속하지만 추리소설에서 논리는 중요하지 않다. 논리는 다만 이야기를 흥미롭게 이끌고 가기 위해 이용될 뿐이다. 그래서 수수께끼와 논리는 물과 기름의 관계임에도 불구하고 추리소설에서의 수수께끼와 논리는 적대자의 관계가 아니라 공범자의 관계라고 생각해야 하는 것이다.

'밀실(密室) 살인'은 전형적인 예에 속한다. 아무도 들어가거나 나오기가 쉽지 않은(경우에 따라서는 불가능하다고 생각되는) 밀폐된 곳에서의 살인은 사실 그 설정 자체가 비논리적이다. 그러나 그 비논리성을 논리적으로 설명하는 것이 추리소설의 묘미다. 그래서 그 결말은 독자들의 예측을 뒤엎는 게 보통인데 그렇다 해도 독자는 자신의 예측이 빗나간 데 대해 실망하는 것이 아니라 오히려 그 교묘한 트릭에 감탄하기 마련이다. 이 계열의 추리소설은 기상천외한 범행 수법에다가 범인이라고 상상할 수조차 없었던 사람이 범인으로 밝혀지는 등 리얼리티가 떨어진다는 문제점은 있으나 스릴과 서스펜스 그리고 흥미만점의 아기자기한 구성 때문에 폭발적인 인기를 누려오고 있다.

추리의 본질

그렇다면 추리소설적 추리의 본질은 과연 무엇일까. 고대

페르시아의 우화(寓話)라고 알려진 '네 명의 왕자들의 모험'을 예로 들면 쉽고 재미있게 이해할 수 있다. 네 명의 왕자들이 먼 길을 여행하다가 어느 날 온통 풀로 덮여있는 들판에 다다랐다. 어느 지점에서 그들은 들판의 풀이 한 부분은 어떤 짐승에겐가 뜯어 먹혀 있었고, 다른 한 부분은 말짱하게 그대로 있는 모습을 보게 되었다. 그들은 풀을 뜯어먹은 짐승이 낙타일 것이라고 단정했는데 첫 번째 왕자는 그 낙타의 오른쪽 눈이 멀었을 것이라고 말했다. 두 번째 왕자는 왼쪽 다리를 절었을 것이라고 말했다. 세 번째 왕자는 낙타의 꼬리가 잘렸을 것이라고 말했다. 네 번째 왕자는 그 낙타가 주인에게서 도망친 낙타이며, 아주 사나울 것이라고 말했다.

그들의 추리는 모두 옳았다. 사람들은 그들의 기막힌 상상력에 혀를 내둘렀으나 알고 보면 그 추리는 간단한 것이었다. 낙타가 왼쪽 풀만을 뜯어먹었기 때문에 오른쪽은 볼 수 없었을 것이고, 오른쪽 발자국이 왼쪽 발자국보다 선명하게 찍혀 있으므로 왼쪽 다리를 절었을 것이며, 낙타는 꼬리로 배설물을 흐트러뜨리는 습관이 있는데 배설물이 그대로 있는 것으로 봐서 꼬리가 잘렸으리라는 것이고, 풀을 여기저기서 한 뭉텅이씩 뽑아 불규칙하게 뜯어먹은 것으로 봐서 낙타의 성질이 사나우리라는 것이다.

18세기 프랑스 작가 볼테르(Voltaire)가 이 이야기로부터 영향을 받아 그의 대표작 가운데 하나인 『자디그』의 주인공으로 하여금 이런 식의 추리를 하게 함으로써 널리 알려지게 됐

다고 하는데 따지고 보면 추리소설에서 탐정들이 추리하는 것
도 이런 유형에서 크게 벗어나지 않는다. 그들은 일상에 널려
있는 아주 사소한 것에서 실마리를 잡아 여러 겹으로 둘러싸
여 있는 사건의 베일을 하나씩 벗겨 나간다. 보통사람들의 추
리도 크게 다르지 않다. 다만 보통사람들의 추리가 상상력의
한계에 이르러 더 이상 진전할 수 없게 되는 반면 탐정들의
추리는 항상 보통사람들의 추리적 상상력을 뛰어넘는다는 점
이 다르다.

순수문학과의 거리

    추리를 필요로 하는 모든 수수께끼는 바로 이야기다. 이 지구상에 신화나 설화가 없는 나라가 존재하지 않는 사실만으로도 인간은 누구나 이야기를 좋아한다는 것을 입증할 수 있다. 소설은 그 이야기들을 글로서 표현한 예술이다. 그렇다면 사람은 왜 이야기를 좋아하는가. 간단하게 말하기는 어렵지만 이야기 속에서 이제까지 경험하지 못했던 것을 경험할 수 있고 감동을 느낄 수 있으며 새로운 삶의 의미를 찾을 수 있기 때문이다. 또 있다. 소설은 우리가 할 수 없었던 것, 하고 싶었으나 하지 못했던 것을 대신 하게 하는 기능도 함께 지닌다.

    그런 의미라면 사랑과 범죄는 그 가운데서도 대표적이라 할 만하다. 사랑과 범죄는 인간의 내면에 깊이 잠재해 있는 가장 기본적인 욕망이다. 차이가 있다면 사랑은 대상만 나타나면 언제든지 쉽게 표출되는 것임에 반해 범죄는 대상이 나타나더라도 억제력이 강해 쉽사리 실행에 옮겨지지 않는다는 점이다.

사랑을 해보지 못한 사람이나 사랑에 실패한 사람에게 감동적인 연애소설이 묘약(妙藥)일 수 있듯 추리소설은 억제된 범죄 욕망을 대리 만족케 하는 흥분제 같은 것일 수도 있다. 좀더 비약한다면 추리소설은 인간의 내면에 감춰져 있으나 자칫 표출되기 쉬운 범죄 욕망을 가라앉히는 기능을 발휘할 수도 있다. 그렇다면 이처럼 소설의 가장 중요한 소재일 수 있는 범죄 특히 살인이 사랑처럼 전체 소설의 폭넓은 소재가 되지 못하고 추리소설의 제한적 소재에 머무는 까닭은 무엇일까.

추리소설을 가로지르는 이분법

우선 추리소설을 순수문학과 구별되는 대중문학의 범주에 넣는 이분법에 대해 생각해 보기로 하자. 일반적으로 순수문학은 '시리어스(serious) 문학'이라 하고, 대중문학은 '파퓰러(popular) 문학'이라 한다. 물론 여기서 '시리어스'는 '진지하다'는 뜻이고, '파퓰러'는 '대중적'이라는 뜻이다. 그러나 순수문학을 '시리어스 문학'이라고 할 때의 '시리어스'는 '심각한' 혹은 '엄숙한'의 뜻이 강하고, 대중문학을 '파퓰러 문학'이라고 할 때의 '파퓰러'에는 '통속적인'의 뜻이 강하다. 말하자면 순수문학은 심각하고 엄숙하게 읽어야 하고, 대중문학은 통속적인 것이므로 아무렇게나 읽고 버려도 그만이라는 의미로 해석되는 것이다. 하기야 '문학'이라는 이름을 가져다 붙이기조차 낯간지러운 저질의 포르노 소설이라면 그렇게 불려도 그만이지만 추리소설을 그런 의미의 통속 소설로 몰아붙이는 일이 과연 타당할까.

문학의 기법이라는 측면에서 그럴 만한 소지가 있다면 그것은 작가의 책임일 뿐 그 소재가 범죄나 추리이기 때문은 분명 아니다. 추리소설 가운데도 '진지하게' 읽혀야 할 작품들이 얼마든지 있으며, 순수문학 작품 가운데는 범죄를 소재로 하고 추리적 기법으로 씌어진 소설들이 헤아릴 수 없을 만큼 많기 때문에 추리소설이라고 해서 무조건 싸잡아 순수문학과는 대칭되는 대중문학의 범주 속에 넣고 매도해서는 안 된다는 것이다. 여기서 '대중'의 뜻이 '쉽게, 재미있게' 읽힌다는 뜻이라면 별문제겠으나 단지 소재주의에 얽매인 그런 방식의 분류법은 추리소설의 발전을 저해하는 요소가 될 수도 있다.

그렇다면 범죄와 추리라는 똑같은 소재로 씌어진 두 개의 소설이 있다고 할 때 어느 쪽이 추리소설이고 어느 쪽이 아니냐 하는 것을 어떻게 구분해야 하는지 다음과 같은 줄거리의 이야기를 들어 생각해 보기로 하자.

일류대학의 법과대학에 적을 둔 한 가난한 대학생이 있다. 삯바느질을 하는 어머니와 가정교사로 일하는 누이동생

이 부쳐주는 돈, 그리고 스스로도 가정교사로 일해 버는 돈
으로 어렵게 대학생활을 꾸려오던 그는 집에서 오던 돈이
갑자기 끊기고 자신의 가정교사 일도 그만두게 되자 학교를
휴학하고 고리대금업을 하는 할머니로부터 돈을 빌려 쓰면
서 의미 없는 나날을 보낸다. 그는 나약하고 소심하기는 하
지만 사회적 불의를 보면 참지 못하는 성격이어서 빌린 돈
을 불쌍한 창녀들에게 마구 뿌리는가 하면 마음속에 사회에
아무런 도움도 되지 못하는 악덕 고리대금업자는 죽여야 한
다는 생각을 키워간다. 마침내 기회를 잡은 어느 날 그는 할
머니를 도끼로 쳐서 죽인다. 뿐만 아니라 때마침 언니를 찾
아온 할머니의 여동생까지 무참하게 살해한다. 사건이 발생
하자 경찰은 즉각 수사에 나서 일차적으로 그 대학생을 용
의선상에 올려놓지만 확실한 증거가 없어 수사는 맴돌기만
한다. 오히려 엉뚱한 사람을 범인으로 지목해 검거하는 잘
못을 계속 저지른다. 경찰의 그런 모습을 지켜보면서 그는
괴로워하다가 정신착란 증세를 보이기 시작한다…….

이런 정도의 이야기라면 우선 추리소설의 적절하고도 훌륭
한 소재가 된다. 범인과 희생자 그리고 탐정 역할의 경찰이 등
장한다는 점에서 추리소설을 구성하는 세 가지 요소를 모두
갖춘 셈이다. 누구나 짐작하겠지만 여기까지의 이야기는 러시
아의 문호 도스토예프스키(Feodor Mikhailovich Dostoevski)가 쓴
『죄와 벌』의 도입 부분이다. 그러나 세계적 명작으로 꼽히는

이 작품을 놓고 추리소설이라고 부르는 사람은 별로 없다. 왜 그럴까. 주인공인 라스콜리니코프의 살인과 진범을 찾아내기 위한 경찰의 끈질긴 수사가 이 작품의 중요한 부분을 차지하고 있기는 하지만 이 작품이 내세우고자 하는 주제는 선과 악에 대한 본질적인 문제, 그리고 사회악과 싸워나가는 인간양심의 문제이기 때문이다.

만약 어떤 추리작가가 똑같은 내용을 가지고 정통 추리소설을 시도했다면 그 소설은 어떤 방향으로 전개될까. 우선 대학생이 범인임을 밝혀놓고 이야기를 시작하지는 않을 것이다(이런 식의 추리소설도 없는 것은 아니지만). 물론 이 경우 추리소설에서도 대학생이 용의자 가운데 한 사람으로 등장하기는 하겠지만 시종 그는 범죄 혐의가 훨씬 짙은 다른 용의자들에게 철저하게 가려진다. 사건 해결을 위해 경찰이 동원되지만 그 집단을 주도하거나 사건 해결에 앞장서는 특정한 인물, 추리소설에서 말하는 이른바 '탐정'이 부각된다.

『죄와 벌』에서의 라스콜리니코프는 종반에 가서 스스로 범행을 고백하고 유형(流刑)의 길을 택하는데, 대개의 추리소설은 사건을 그런 식으로 마무리하지는 않는다. 궁극적으로 『죄와 벌』은 사건의 동기, 곧 주인공의 범행 심리를 파헤치는 데 주력하지만 추리소설은 사건 해결의 과정에 더 중점을 두어야 하기 때문이다. 무엇보다 『죄와 벌』을 추리소설의 반열에 올려놓기 어려운 가장 본질적인 이유는 『죄와 벌』에는 추리소설의 본령인 수수께끼와 미로 그리고 트릭과 단서가 개재되어 있지 않다는 점일 것이다.

추리소설과 대중

19세기에 접어들어 근대 추리소설이 새로운 문학의 장르로 정착되면서 추리소설이 탐정소설과 범죄소설의 두 가지 흐름으로 갈라진 점을 감안할 때 앞에 제시한 이야기는 이야기 자체만으로는 탐정소설의 유형에 속한다. 만약 이 이야기가 범죄소설을 지향한다고 가정하면 사건 해결의 과정이나 결말보다는 범행의 동기나 수법 같은 것에 더 중점을 두게 될 것이다. 근대 추리소설의 정착 이후 추리소설은 더욱 세분화하는 양상을 보이게 되지만 정통 추리소설의 개념으로 보자면 범인과 피해자와 탐정은 추리소설의 필수적인 세 가지 요소라고 할 수 있다. 추리소설은 이들 세 가지 요소 가운데 어떤 하나를 독립된 주인공으로 선택할 수 있으며 주인공을 누구로 설정하느냐에 따라 추리소설로서의 성격은 다소 차이를 보이게 된다.

『죄와 벌』의 라스콜리니코프가 왜 정통 추리소설의 주인공일 수 없는지에 대해서는 더 이상의 설명이 필요치 않을 것이다. 그럼에도 불구하고 의문은 여전히 남을 것이다. 소설이라는 예술의 한 장르에서 이야기가 차지하는 비중이 높을 수밖에 없다면 왜 도스토예프스키처럼 쓰면 명작이 되고, 추리소설의 형식으로 쓰면 통속적인 대중문학이 되는가. 다시 말하면 추리소설은 왜 순수문학보다 예술적으로 몇 단계 낮은 문학으로 치부돼 왔으며, 추리소설이 존재하는 한 그와 같은 평가절하의 현상은 계속될 것인가. 물론 똑같은 소재를 가지고 여러 사람이 소설을 썼다고 해서 똑같은 수준의 작품이 나올 수는 없으므로 여기서는 우선 소재의 문제만을 가지고 생각해 보자. 이에 대한 일차적 해답이 될 만한 예가 있다.

20세기 초 프랑스에서는 피에르 수베스트르(Pierre Souvestre)와 마르셀 알렝(Marcel Allain)이라는 두 추리작가가 폭넓은 대중적 인기를 누리고 있었다. 알렝은 수베스트르의 비서였는데 이들은 1911년부터 약 4년에 걸쳐 합작으로 『팡토마스(유령이라는 뜻으로 주인공의 이름이기도 하다)』라는 연작 추리소설을 발표하면서 주가가 정상으로 치솟았다.

주인공 팡토마스는 온갖 범행을 저지르면서 사회를 어지럽

『팡토마스』 표지.

히는 무법자다. 신출귀몰하게 나타났다가 사라지는가 하면 죽었다는 소문이 파다한데 어느 순간에 다른 인물로 다시 나타나 새로운 범행을 저지르기도 한다. 뒤를 쫓는 탐정 쥐브 역시 기상천외한 추리력을 발동해 팡토마스를 압박함으로써 이들의 흥미진진한 공방은 독자들의 손에 땀을 쥐게 한다. 당초 작가는 이 작품을 몇 회 연재하

다가 팡토마스가 죽고 쥐브가 승리하는 것으로 끝을 맺을 계획이었으나 인기가 천정부지로 치솟는데다가 '팡토마스를 죽이면 안 된다'는 독자들의 성화가 빗발쳐 32권이라는 대작에 이르게 되었다(후에 프랑스 추리소설계의 거장 조르주 시므농(Georges Simenon)은 『팡토마스』의 쥐브 탐정에게서 힌

조르주 시므농(Georges Simenon).

트를 얻어 『메그레 경감』을 창조해낸 것으로 알려져 있다).

　문제는 이 작품이 중반 이후에 접어들면서 작가의 뜻이 아니라 대중의 뜻, 독자의 뜻에 의해 이리저리 '이끌려' 다녔다는 점이다. 다시 말하면 이 작품은 줄거리는 물론 구성과 작의까지도 독자의 구미에 맞게 변형돼 문학 및 예술적 효과를 크게 떨어뜨리는 결과를 초래했다는 지적이다.

　이것이 모든 예술이 기본적으로 갖춰야 할 창조성과 순수성을 훼손하는 결과를 초래했음은 두말할 나위도 없다. 뿐만 아니라 '소설은 단지 이야기일 뿐'이라는 대다수 추리작가들의 의식은 한창 본궤도에 들어서기 시작한 추리소설의 품격을 떨어뜨리는 데 크게 기여했다. 추리소설에 있어서의 추리는 문학의 한 방법일 뿐 문학의 수단일 수는 없다. 추리소설이 한낱 이야기일 뿐이라면 추리소설은 이미 문학의 범주에서 벗어나게 된다는 사실을 많은 추리작가들이 간과하고 있었던 것이다.

추리소설이 대중사회에 깊이 뿌리를 내리면서 이 같은 현상은 갈수록 심해졌을 뿐만 아니라 대중과 독자들에게 의도적으로 영합하려는 작가들도 다수 등장하기에 이르렀다. 독자들의 강력한 요구에 따라 작품 속에서 죽었던 탐정을 되살려 내는가 하면 말초적인 자극을 주기 위해 이야기 전개와는 상관없는 농도 짙은 섹스를 가미하기도 한다.

어떤 추리소설이 크게 인기를 끌었다 하면 비슷한 아류의 작품들이 물밀 듯이 쏟아져 나오는 현상도 추리소설의 가치와 품격을 떨어뜨리는 데 크게 기여했다. 이제 남은 문제는 어떻게 해야 추리소설이 순수문학과 똑같은 반열에서 '고급스러운 문학'으로 자리를 잡아갈 수 있겠느냐 하는 것이며, 그것은 오직 추리작가와 독자들의 추리소설에 대한 '사랑의 척도'에 달려있다 하겠다.

고전적 추리와 정통 기법의 태동

태초에 살인이 있었다

이브가 낳은 카인이 동생 아벨을 질시한 나머지 그를 쳐 죽인 것이다. 추리소설이 살인을 가장 중요한 소재로 삼는 소설 양식이라면 추리소설은 문자가 태어난 이후 나타난 최초의 소설 양식이 될 수도 있었을 것이다. 그러나 카인과 아벨의 이야기는 추리소설이 될 수가 없다. 왜냐하면 아벨은 (정체가 밝혀지지 않은) '누군가에 의해' 살해된 것이 아니라 그의 형 카인에 의해 살해됐기 때문이다. 더 중요한 이유는 여호와라는 전지전능의 존재가 당초부터 그 살인사건을 꿰뚫어보고 있었기 때문이다. 살인 그 자체에 대해서 의문을 가질 것은 아무것도 없으며, 따라서 해결해야 할 일 역시 아무것도 없는 것이다.

다시 말하면 이 이야기 속에는 살인의 이유와 동기 등 모든 것이 밝혀져 있기 때문에 인간의 심리 속에 깊이 잠재해 있는 추리 능력을 발휘할 필요가 없다는 것이다. 인간은 내막이 밝혀지지 않은 어떤 이야기의 서두가 제시됐을 때 각기 다른 수많은 이야기를 만들어 낼 수 있는 선천적인 능력을 가지고 태어났다. 그러니까 인간이라면 누구에게나 추리작가적 소양이 선천적으로 점지돼 있다고 봐도 틀린 말은 아닐 것이다. 예컨대 '전제군주시대의 왕이 지극히 총애하던 왕비를 살해했다'는 전제를 가지고 이야기를 전개시켜 보라고 한다면 사람들은 '왜, 어떻게' 죽였느냐에 대해서 나름대로 추리력을 발동시킬 수 있을 것이다. 각기 다른 그 하나하나의 이야기들은 문학 특히 소설의 훌륭한 구성요소가 된다.

그렇게 보면 지구상에 문자가 태어난 뒤 문학이라는 예술 특히 소설의 시작이 이야기를 만들어 낼 수 있는 인간의 추리 능력에 의해 가능할 수 있었다고 보는 견해는 꽤 타당한 일면이 있다. 특히 그 주제가 범죄나 살인일 경우 문학으로서의 완성도는 더욱 높아진다. 추리문학의 근원을 이야기할 때 흔히 기원전 5세기 그리스 시인 소포클레스(Sophokles)의 비극 『오이디푸스 왕』을 거론하는 것도 그 까닭이다. 후에 '오이디푸스 콤플렉스'라는 말을 낳게 한 이 작품은 현대적 의미의 추리소설과 그 구성이 꽤 많이 닮아있다.

우선 주인공인 오이디푸스 왕이 그의 아버지인 라이오스

왕을 죽이고 어머니와 결혼한 살인범이자 파렴치범임에도 그 사실이 끝까지 감춰지고 있다는 점이다. 아버지를 죽인 살인범이 자신이라는 사실을 기억하지 못하는 오이디푸스 왕이 신하들을 시켜 아버지의 죽음의 진상을 추적하게 하는 것도 그렇다. 종반에 이르러 오이디푸스 왕 자신이 스스로 진상을 알게 돼 두 눈을 뽑고 방랑의 길에 나선다는 것이 추리소설적 구성과는 다소 차이가 있지만 어쨌든 살인이 모티프이며, 범행의 동기와 배경을 밝혀내는 과정이 마치 오늘날의 추리소설을 읽는 듯한 느낌을 주는 것이다.

그러나 소포클레스의 이 비극이 추리소설의 근원을 파헤치는데 있어서 자주 언급되는 까닭은 꼭 살인 때문만은 아니다. 널리 알려져 있다시피 이 작품은 고대 그리스 신화에서 소재를 취한 것이다. 그런데 그리스 신화 속의 오이디푸스 이야기에는 추리소설과 관련한 매우 흥미로운 점을 발견할 수 있다. 오이디푸스가 자신의 아버지인 줄 모르고 라이오스 왕을 죽이던 무렵 테바이 사람들은 거리를 횡행하는 스핑크스라는 괴물에게 몹시 시달리고 있었다. 사자의 몸뚱이에 여자의 얼굴을 한 이 괴물은 바위 위에 웅크리고 앉아 지나가는 사람을 붙잡아 수수께끼를 내고, 이를 풀지 못하면 무조건 죽여 버렸다. 아무도 그 수수께끼를 풀지 못했기 때문에 괴물의 손에 죽는 사람이 부지기수였다.

스핑크스의 수수께끼는 '아침에는 네 발, 낮에는 두 발, 저녁에는 세 발로 걷는 동물이 무엇이냐'는 것이었다. 스핑크스의 소문을 들은 오이디푸스가 대담하게 스스로 괴물을 찾아갔다. 괴물은 예의 수수께끼를 내놓았다. 오이디푸스는 주저하지 않고 명쾌하게 대답했다.

"그것은 인간이다. 갓난아기 때는 두 손과 두 무릎으로 기어 다니니 네 발이요, 자라면 서서 걸어 다니니 두 발이요, 늙으면 지팡이를 짚고 다니니 세 발이 아닌가."

이 말을 들은 스핑크스는 굴욕을 느끼고 바위 위에서 몸을 던져 목숨을 끊었다. 테바이 사람들은 크게 기뻐하여 오이디푸스를 왕으로 옹립하고 죽은 라이오스 왕의 아내 곧 오이디푸스의 어머니를 왕비로 맞게 했다.

현대의 몇몇 추리이론가들이 이 이야기를 인류 역사상 '최초의 추리 이야기'로 보는 까닭은 수수께끼를 추리소설의 특징 가운데 중요한 하나로 보기 때문이다. 곧 수수께끼를 푸는 오이디푸스의 역할은 추리소설 속에서 사건을 해결하는 탐정의 역할과 똑같다는 것이다.

어쨌거나 설화 혹은 신화의 시대에도 살인이나 최소한 죽음이 등장하지 않는 이야기는 거의 없지만 『오이디푸스 왕』이후 오늘날에 이르기까지 살인은 문학작품의 가장 중요한 소재 가운데 하나로 여겨져 왔다. 특히 중세기 최고의 문호로 손꼽히는 영국의 희곡작가 윌리엄 셰익스피어(William Shakespeare)의 중요한 작품들에서 거의 예외 없이 살인이 등장한다는 사실은 무엇을 의미할까. 셰익스피어를 연구해 온 전세계의 수많은 학자들은 살인을 중요한 모티프로 삼고 있는 셰익스피어 비극의 실체를 '신비(mystery)의 전형'으로 보고 있다. 장면과 장면, 대사와 대사 하나하나에 신비가 숨어있다는 뜻인데, 그 말은 오늘날 추리소설의 개념과 연관지어서 생각할 때 매우 중요한 의미를 내포한다. '신비'를 뜻하는 '미스터리'를 추리소설에서는 '수수께끼'로 지칭하고 있기 때문이다.

두말할 나위 없이 살인은 셰익스피어 비극의 핵심을 이룬다. 가령 『오델로』의 이아고는 오델로의 젊은 아내 데스데모나를 사랑한 나머지 간계를 써서 오델로로 하여금 데스데모나를 목 졸라 살해하게 하며, 『맥베드』의 주인공 맥베드는 권력에의 욕심에 눈이 멀어 왕을 죽이고 왕위를 찬탈한 다음 자신도 왕위를 빼앗길까 두려워 동료와 부하들을 차례로 살해하는 악귀로 변한다. 물론 이들 작품은 처음부터 살인의 동기와 방법을 밝히고 있으므로 추리소설에서 살인사건을 접하게 될 때 기본적으로, 그리고 당연히 갖게 되는 '왜' 또는 '어떻게'라는 의문은 가질 필요는 없다. 그러나 그 살인들이 암시하고 있는 비극적 세계관에 대해서는 누구나 신비적 호기심 혹은 수수께끼적 호기심을 느낄 것이다.

셰익스피어 비극에서의 살인이 추리소설 속에서의 살인과 다른 점은 셰익스피어의 경우 살인의 동기를 중요시하는 것이 아니라 목적을 위해서는 누구나 살인도 할 수 있다는 인간의 잠재된 본성을 강조한다는 점이다. 추리소설뿐만 아니라 살인을 다룬 대개의 일반 문학작품이 제시하고자 하는 것도 보통 그런 정도다. 그러나 모든 살인사건에 대해 흥미와 호기심을 느끼는 대다수의 사람들은 살인의 동기는 말할 것도 없고 살인에 대한 모든 것, 예컨대 어떤 방법으로 죽였으며, 시체는 어떻게 처리했으며, 범행은 어떻게 밝혀지게 되는가 따위를 샅샅이 알기를 원한다. 그것은 현대적 의미의 추리소설이 등장하게 된 직접적 또는 간접적 원인과도 무관하지 않을 것이다. 일반적인 문학은 하나의 살인사건을 놓고 '누가, 언제, 어디서, 왜, 어떻게 죽었느냐(혹은 죽였느냐)'를 세밀하게 밝히는 데 별로 주력하지 않지만 추리소설의 본령은 그 하나하나의 디테일을 논리적으로, 사실적으로 밝히는 것이기 때문이다.

근대 추리소설의 등장 배경

고대에서 중세에 이르기까지 살인을 다룬 수많은 문학작품들이 본격적 추리소설의 등장에 결정적인 영향을 미쳤으리라고 보는 근거는 살인 그 자체에 흥미와 호기심을 느끼는 절대다수 독자들의 욕구를 일반 문학작품들이 충족시키지 못한 데서 기인한다는 견해에 동조할 수 있을까. 사실 살인을 소재로 다루는 두 개의 문학적 입장에는 그 기능상에 분명한 차이가 있다. 문학적 가치 여부는 차치하더라도 살인의 동기나 수법 따위에만 관심을 갖는 독자라면 동기나 수법이 미리 제시돼 있는 일반 문학작품에 흥미를 느끼지 못할 것은 당연하다. 19세기 초·중반에 이르러 현대적 의미의 추리소설이 등장한 것은 그와 같은 수많은 독자들의 욕구에 부응하기 위해서였다.

다른 한편으로는 19세기에 접어들면서 범죄의 형태가 더욱 다양해지고 그 수법이 한층 잔인해지면서, 이와 함께 그 시기에 괄목할 만한 발전을 보인 신문들이 이를 제때에 리얼하게 보도함으로써 추리소설의 등장에 불을 지폈다는 견해도 있다. 실제로 그 무렵에는 미스터리로 가득 찬 수많은 사건들이 발생했으며, 그 중에는 해결되지 못한 채 미제로 파묻힌 사건들도 많아 사람들로 하여금 끝없는 추리적 호기심을 자아내게 하기도 했었다. 그 호기심은 후에 추리소설에서 맛보게 되는 수수께끼의 해결에 대한 쾌감이나 권선징악의 실천을 위한 정의감으로 대체되는 것이다. 후에 프랑스 같은 나라에서는 거의 모든 신문들이 대다수 추리소설들에 발표 무대를 제공함으로써 이 견해에 설득력을 실어준다.

　또한 근대 추리소설의 탄생이 문학적으로는 18세기 후반 한동안 전성기를 누렸던 이른바 '고딕(Gothic) 소설'로부터 직접적인 영향을 받았다는 견해도 음미해볼 만하다. '고딕'이란 말은 본래 회화·조각·건축 등에서 사용된 중세(中世) 풍의 양식을 일컫지만 그 말속에는 '중세를 배경으로 한 공포·신비·괴기의 효과를 노린다'는 뜻이 함축돼 있다. 따라서 '고딕 소설'이라고 하면 일반적으로 오싹하고 소름끼치는 공포와 미스터리의 이야기가 주류다. 예를 들면 비밀통로와 지하 감방, 어두컴컴하고 구불구불한 계단 등이 있는 중세의 성(城) 같은 것을 배경으로 무시무시하고 유령이 곧 튀어나올 듯한 파멸의 분위기가 돌발적인 사건을 이끌어 낸다는 것이 '고딕 소설'의 전형이다.

　1770~1780년대 사이에 일련의 공포소설을 발표한 영국작가 호레이쇼 월폴(Horatio Walpole)과 뒤를 이어 1790년대부터 19세기 초에 이르는 기간 동안 일련의 괴기소설을 발표한 영국의 여류작가 앤 래드클리프(Ann Radcliffe) 등이 유럽 일대에 고딕소설을 유행시킨 장본인들이다. 뒤이어 『폭풍의 언덕』 등을 쓴 영국의 브론테(Bronte) 자매와 『주홍 글씨』 등을 쓴 미국의 너대니얼 호돈(Nathaniel Hawthorne) 등 많은 작가들이 그들의 고급 소설들에서 고딕소설의 분위기를 되살려 냈으나 그 자체를 고딕소설이라고 보기는 어렵다. 그 분위기로만 따진다면 근대 추리문학의 비조(鼻祖)로 불리는 미국의 에드가 앨런 포우(Edgar Allan Poe)의 작품들, 특히 「어셔 가의 몰락」이나 「검은 고양이」와 같은 일련의 작품들은 고딕소설에 한층 가깝다. 적어도 공포심을 불러일으키고 신비롭다는 점에서는 그렇다.

　에드가 앨런 포우가 고딕소설들로부터 어떤 영향을 얼마나 받았는지 구체적인 근거를 제시하기는 어렵지만 그가 최초의 추리소설을 쓰는 데 있어서 고딕소설의 그런 독특한 분위기를 필요로 했으리라는 데는 의심의 여지가 없다. 인간의 추리와 상상력을 최대한 자극하기 위해서 그와 같은 ‘고딕’의 분위기는 매우 효과적일 수 있기 때문이다. 그것은 살인의 분위기 혹은 범죄의 분위기와도 통하는 것이다. 어쨌거나 1841년 포우가 최초의 추리소설 「모르그가(街)의 살인사건」을 쓰게 된 배경을 이야기하자면 같은 시대 영국 최고의 인기작가 찰스 디킨즈(Charles Dickens)를 언급해야 할 것이다. 당시 인기 절정의 디킨즈는『버너비 러지(Barnaby Rudge)』라는 제목의 장편소설을 내놓기 시작했는데 당초 이 작품은 연작 형태로 구상됐으나 여러 가지 사정으로 그 한 권이 시작이자 끝이 되고 말았다. 따라서 이 작품은 디킨즈 작품으로서는 이례적으로 별로 주목도 받지 못한 채 파묻혀 버리는 신세가 되었다. 그러나 포는 이 작품의 처음 몇 페이지를 읽자마자 디킨즈가 제시하는 어떤 수수께끼의 본질을 파악하고 순간적으로 하나의 영감을 떠올렸다.

그 영감이란 추리가 필요한 이야기의 분석방법과 그 이야기를 소설화하는 데 필요한 일정한 규칙들이었다. 우선 명확하게 정해진 해결점을 전제로 하여 미리 제시된 사건으로부터 파생되는 여러 가지 부수적 사건들을 예리하게 분석하면서 하나하나 풀어가야 한다는 것, 작가와 독자가 함께 풀어가야 할 수수께끼가 평범하고 순리적이거나 살인의 방법 따위가 자극적이고 끔찍하지 않으면 권태로울 수 있으므로 감성과 이성을 동시에 거세게 흔들 수 있는 방법을 끊임없이 모색해야 한다는 것이다.

이와 같은 영감을 바탕으로 단숨에 씌어져 포우 자신이 편집자이던「그레이엄즈 매거진」에 발표된「모르그가의 살인사건」은 뒤이어 발표되는「마리 로제 사건의 수수께끼」「도둑맞은 편지」 등과 함께 현대 추리소설의 전범(典範)으로 꼽히고 있다. 이들 작품이 추리소설의 전범 혹은 교과서로까지 불리는 까닭은 그 이후 수십 년 동안 발표된 일련의 추리소설들이 거의 포우의 구성과 기법을 그대로 모방하고 있기 때문이다.

포우의 소설과 탐정의 등장

불가해한 것처럼 보이는 수수께끼의 제시, 그리고 그 수수께끼를 풀어나가기 위한 단서의 제공과 함께 포우의 추리소설의 구성과 기법에서 눈여겨봐야 할 것은 탐정이라는 새로운 직업인을 등장시켰다는 점이다. 범죄를 수사하는 사람을 탐정 (detective)이라고 처음 호칭한 사람은 그보다 약 1세기 전의 영국 소설가 헨리 필딩(Henry Fielding)이었다. 『톰 존스』 등의 작품으로 '영국 소설의 아버지'라 불리기도 하는 필딩은 젊었을 때 희곡을 쓰면서 극장을 직접 운영하는 등 연극에 몸담았으나 졸지에 망한 후 생계의 방편으로 뒤늦게 법률을 공부해 변호사가 되고 곧바로 런던 웨스트민스터 지구의 치안판사에 임명됐다.

그 무렵 온갖 범죄가 횡행하였으므로 필딩은 1748년 범죄 해결을 위한 기구를 설치하고 거기서 일하는 수사관들을 탐정이라 불렀다. 1833년에는 프랑스에서 으제느 프랑소와 비도크 (Eugene Francois Vidocq : 프랑스 추리소설의 발전과정에서 매우 중요한 인물이므로 뒤에 다시 언급된다)라는 사람이 '탐정국'이라는 기구를 만들어 범죄 해결에 큰 공로를 세웠으나 그 자신이 범죄의 전과를 가지고 있는데다가 관의 통제를 받고 있었으므로 사립탐정과는 성격이 달랐다.

최초의 실제 사립탐정은 1850년 미국에서 사립탐정국을 만들어 활약한 핑커튼(A. Pinkerton)이라는 사람이었다. 그는 본래 미국 비밀첩보기관의 책임자였으나 중도에 그만두고 개인 탐정사무소를 열었는데 사건 처리가 신속하고 건실해서 큰 성공을 거두었다. 그때 그는 사람의 눈썹과 눈을 특징 있게 그려 사무실 마크로 사용했는데, 그 이후로 그 도안은 사립탐정을 상징하는 마크가 되었다. 포우가 「모르그가의 살인사건」에서 탐정을 등장시킨 것은 핑커튼이 사립탐정국을 만든 시기보다도 9년이나 빨랐다. 그러니까 「모르그가……」와 「마리 로제……」 등 포우의 작품에 등장하는 오귀스트 뒤팽이 비록 '아마추어'로 설정돼 있기는 하지만 포우는 현실 사회에서보다 먼저 소설 속에서 순수한 탐정을 창조한 셈이다. 뒤팽은 포우 이후 절대다수의 추리소설에 등장하는 사립탐정의 모델처럼 되어 있다. 우선 작품 속에서 포우가 화자(話者)의 말을 빌려 뒤팽의 면모를 어떻게 묘사하고 있는지 살펴보자.

뿐만 아니라 그의 광범한 독서에도 놀랐다. 무엇보다도 그의 광적인 정열과 발랄한 상상력은 나의 영혼까지 불타오르게 하는 느낌이었다……나는 뒤팽의 그 독특한 분석적 재능에 놀라고 경탄하지 않을 수 없었다……계속해서 실로 놀랄 만한 구체적인 증거를 들어서 내가 마음속에 생각하고 있는 것을 손바닥 위에 올려놓는 듯이 환히 알고 있다고 주장했다. 그럴 때 그의 태도는 냉담하고도 추상적이었다. 두 눈은 무표정했고 평소에는 테너였던 그 목소리가 마치 소프라노처럼 변했다.

이와 같은 묘사에 뒤이어 작품은 뒤팽의 추리력이 얼마나 놀라운가를 나타내는 한 사례를 소개한다(이 대목은 작품의 핵심을 이루는 살인사건과는 직접적인 관계가 없다). 뒤팽과 화자가 약 15분가량 말없이 길을 걷다가 갑자기 뒤팽이 말한다. "사실 그 녀석은 키가 너무 작아. 그러니까 바리에떼 극장(註 : 저속한 극장) 같은 데나 어울릴 거야." 이 말을 듣는 순간 화자는 깜짝 놀란다. 실제로 화자는 뒤팽이 말한 그 '녀석'만을 골똘히 생각하고 있었기 때문이다. '녀석'이란 거리의 구두수선공으로서 연극에 미쳐 비중이 큰 어떤 비극의 주인공을 맡았으나 키가 너무 작은데다 연기력도 형편없어 혹평만 받았던 인물이다. 화자가 어떻게 자신의 생각을 알 수 있었는지 다그쳐 묻자 뒤팽은 15분 전 화자가 길에서 어떤 과일장수와 부딪혀 넘어졌던 일을 상기시키면서 그 일로 인해 화자가 어떻게 해서 '녀석'을 떠올리게 됐는지를 '귀납적(歸納的)'으로 풀어 설명한다. 그의 추리는 너무도 정확해 화자를 충격 속으로 몰아넣는다……이 대목은 뒤에 나오는 살인사건을 뒤팽이 '귀납적'으로 추리해 해결한다는 암시이기도 하다.

사건을 해결해가는 과정에서 뒤팽과 화자는 '귀납적'이라는 표현을 자주 쓴다. '귀납적'이란 무엇인가. 사물을 관찰하여 유추해 낸 근거를 토대로 결론을 내리는 추론 방식이다. 뒤팽이 등장하는 첫 작품에서 그가 귀납법을 즐겨 쓰는 추론가라는 사실을 미리 밝힌 것은 포우의 추리소설에서 뒤팽 탐정이 어떤 방식으로 사건을 해결하는가를 짐작하게 하는 근거를 제시한다('귀납적 추리'는 가설(假說)로부터 출발하여 결론을 도출해내는 '연역적(演繹的) 추리'와 함께 이후의 추리소설에 있어서 탐정의 추리 능력에 두 개의 중요한 줄기를 형성하게 된다).

주위의 모든 사물을 꼼꼼히 관찰하여 살인사건을 명쾌하게 해결하는 뒤팽의 면모와 놀랄 만한 추리력은 그 이후의 추리소설에서 탐정이 어떤 인물이어야 하는지 전형적인 모델을 제시한다. 그래서 후에 프랑스의 추리작가 조르주 시므농 같은 사람은 '포우가 추리소설의 모든 수법(탐정의 역할까지를 포함해서)을 거의 완벽하게 창안했기 때문에 그 후의 추리작가들이 자신의 창의성을 어디에서 발견해야 좋을지 갈피를 잡을 수 없을 정도'라고 술회한 바 있다. 아닌 게 아니라 정통 추리소설에서 탐정의 역할은 소설의 성패를 좌우할 만큼 절대적이다.

포우의 첫 추리소설에서 우리가 또 하나 주목해야 할 것은 탐정의 역할을 부각시키기 위해 화자, 곧 '나'를 등장시키고 있다는 점이다. 바꿔 말하면 이 소설은 영어에서 '아이 스토리('I' story)'라고 하는 1인칭 소설로 되어 있는데 소설의 기법에서 1인칭 소설은 '독자에게 주는 박력과 실감이 강하다는 데 그 장점이 있다'고 평가되고 있다. 앞에 인용했지만 이 소설에서 화자는 뒤팽의 곁에 붙어서 그의 활약상을 독자에게 전달해 주는 역할만을 맡는다. 만약 이 소설이 3인칭 소설로 씌어져 뒤팽의 활약을 객관적으로 묘사했다면 추리소설로서의 효과가 반감됐을는지도 모른다.

중요한 것은 포우의 전통을 잇는 대부분의 추리소설들이 화자를 등장시키는 1인칭 소설을 그대로 답습하고 있다는 사실이다. 그러한 현상은 특히 대가로 꼽히는 작가들의 작품에서 두드러지는데 가령 아더 코난 도일(Arthur Conan Doyle)의 와트슨 박사나 애거더 크리스티(Agatha Christie)의 헤이스팅스 대위 같은 인물들이 좋은 예다. 도일이 와트슨을 등장시키면서 추리소설에서 '와트슨 역(役)'이라는 용어까지 생겨났는데 추리소설에서 화자의 역할은 그만큼 중요하다.

1인칭 추리소설에서의 화자는 바로 독자다. 독자가 아무것도 모르는 것처럼 화자 역시 아무것도 모르는 상태에서 탐정이 어떻게 사건을 해결해 나가는지를 세밀하게 독자들에게 전달하는 것이다. 다시 말해 화자가 탐정보다 뛰어나거나 탐정에 비견할 만한 인물로 묘사되면 그 추리소설은 낙제다. 화자는 작품 속에서 늘 탐정에게 잘못을 지적당하거나 놀림을 받거나 질책을 받는 인물로 묘사된다. 요컨대 그

홈즈와 와트슨.

들은 생각이 짧다든지, 둔하다든지 하여튼 탐정보다는 여러모로 못 미치는 인물들이기 때문이다. 그래서 추리작가가 지켜야 할 계율 가운데 '와트슨 역의 인물은 마음속의 생각을 숨김없이 독자에게 알려야 하며 그 지능이 독자보다 낮은 수준이어야 한다'는 것도 있다.

어쨌거나 만약 포우가 그의 첫 추리소설에서 탐정을 등장시키지 않고 경찰의 수사관들로 하여금 사건을 해결케 했다든지, 그 밖에 다른 방법으로 사건을 풀어나갔다면 추리소설의 역사는 훨씬 달라진 모습을 띠고 있을 것이다. 사실 포우 이전에도 범죄나 살인을 다룬 소설들은 얼마든지 있었다. 이들 소설은 사건의 해결에 중점을 두는 게 아니라 범죄의 유형이나 수법 혹은 범죄의 전체 과정을 서술하는 데 역점을 두고 있었으므로 독자로 하여금 추리력을 발동케 하는 것은 아니었다. 따라서 근대의 본격 추리소설이 태동한 이후 추리소설을 탐정소설과 범죄소설로 구분하려는 경향이 생기기도 했지만 범죄소설까지 추리소설에 포함시킬 경우 추리소설의 출발은 훨씬 거슬러 올라가야 한다는 일부의 주장에는 타당한 면이 있다. 말하자면 범죄소설에서는 범인이 사건의 중심에 서있는 데 반해 탐정소설에서의 주인공은 어디까지나 탐정이기 때문에 '탐정이 등장하지 않는 소설은 추리소설이라고 할 수 없다'는 말까지 나오는 것이다.

옛날이나 지금이나 현실 사회에서 범죄가 발생했을 때 일차적으로 사건 해결에 나서는 사람들은 경찰의 수사관들이며 사건 수사는 그들의 직업이다. 따라서 사람들은 사건이 해결되느냐 해결되지 못하느냐 하는 데에만 관심을 가질 뿐 그들이 어떤 인물이냐에 대해서는 말할 것도 없고 열심히 하느냐 않느냐 혹은 사건 해결을 위해 어떤 방법을 쓰느냐 따위에 대해서 거의 관심을 갖지 않는다. 그러나 추리소설 속의 탐정에 대해 독자들이 갖는 관심과 기대는 현실 사회에서의 경찰과는 비교가 되지 않는다. 탐정은 우선 보통사람과는 다른 특출한 사람이어야 하고, 무엇보다 추리력과 분석력이 뛰어나야 한다고 생각한다. 수수께끼 같은 사건의 발생에서부터 집요한 추적을 거쳐 해결에 이르기까지의 전 과정을 통틀어 독자들은 탐정의 일거수일투족을 빠짐없이 예리하게 주시하는 것이다.

따지고 보면 초인간적인 능력을 지닌 사람을 탐정으로 등장시켜 불가해한 사건을 해결토록 한다는 추리소설의 설정 자체가 이미 비현실적이다. 그러나 그와 같은 비현실적인 이야기를 통하여 사람들은 자신이 잠시나마 현실의 밖에서 현실을 내려다 볼 수 있는 위치에 서있음을 느끼는가 하면, 초인간적인 탐정에게서 자기 자신의 모습을 발견하는 듯한 착각에 빠지기도 한다. 포우 이후 근대 추리소설이 정착돼가는 과정에서 추리소설이라는 형식이나 기법보다도 탐정들의 활약상에 더 많은 갈채가 쏟아진 것도 그 까닭이다. 두말할 나위 없이 탐정의 역사는 바로 근대 추리소설의 역사와 궤를 같이 하는 것이다.

탐정의 시대

영국 추리소설 속의 탐정

에드가 앨런 포우는 1849년 40세의 젊은 나이로 세상을 떠났지만 그가 남긴 추리문학의 불꽃은 찬란하게 타오르기 시작했다. 포우의 추리소설들이 빠짐없이 유럽 전역에 소개됐고, 미국과 유럽에서 수많은 작가들이 포우의 대를 잇기 위해 머리를 싸매고 달려들었다. 19세기 중반을 넘기면서 추리문학에 대한 대중적 관심은 서서히 자리를 잡아가기 시작했고, 신문과 잡지의 지면을 장식하는 추리소설들은 우선 '추리소설'이라는 타이틀 하나만으로 독자들의 눈길을 사로잡기에 충분했다.

그러나 작가의 층이 보잘것없는데다가 발표되는 작품들마

저도 포우를 모방하거나 포우의 아류(亞流)를 크게 벗어나지 못해 독자들을 실망시키기 일쑤였다. 흉내만 내 가지고는 포우로부터 시작된 근대 추리문학의 전통이 계승될 수 없다는 사실은 명백했다. 독자들은 제2의 에드가 앨런 포우, 제3의 에드가 앨런 포우를 갈망했고 뒤팽과는 또 다른 모습의, 아니 뒤팽의 재능을 능가하는 탐정의 출현을 고대했다. 그러나 계속 쏟아져 나오는 추리소설들은 그와 같은 독자의 기대를 만족시키지 못했다.

포우가 최초의 추리소설 「모르그가의 살인사건」을 세상에 내놓은 지 20년 가까운 세월이 흘렀고, 그가 타계한 지도 10년을 넘겨 1860년대에 접어들었다. 영국에서 윌리엄 윌키 콜린즈(William Wilkie Collins)라는 젊은 추리작가가 조용히 등장했다. 포우가 죽던 해 그는 25세였다. 그 무렵부터 소설을 쓰기 시작한 그는 포우에게서 영향을 받아 추리소설의 꿈을 은밀하게 키워가고 있었다. 그는 36세 때인 1860년 최초의 장편 추리소설 『하얀 옷의 여인』을 발표했다. 사랑과 배신, 음모와 추적을 그린 이 작품은 그보다 몇 년 뒤에 발표된 보석을 둘러싼 음모와 복수를 그린 『월장석(月長石)』과 함께 영국 최초의 추리소설로 꼽힌다. 후에 시인 엘리어트(Thomas Stearns Eliot)는 이들 작품을 가리켜 '영국 최초의 가장 위대한 추리소설'이라 평가한 바 있다.

이들 소설에서 특히 주목해야 할 것은 카프라는 탐정의 등장이다. 탐정이라고 했지만 카프는 직업적인 탐정이 아니라 계급이 경사(警査)인 현직 경찰관이라는 점이 뒤팽과는 다르다. 다른 점은 또 있다. 뒤팽이 냉정하고 기계적인 사고(思考)를 지닌 인물인데 비해 카프는 장미를 좋아하고 인간미가 넘치는 로맨티스트라는 점이다. 그렇다면 콜린즈가 직업적인 탐정 대신 경찰관을 탐정으로 설정한 까닭은 무엇일까. 이에 대한 해석은 구구하지만 좀더 현장감을 살리기 위해서가 아니었나로 보는 견해가 유력하다. 비현실적인 인물의 설정으로 혹 떠안게 될지도 모를 위험 부담을 줄이려 하지 않았을까 하는 것이다.

그의 추리소설이 한창 인기를 끌던 무렵 그는 12세 위인 영국 소설가 찰스 디킨즈와 친교를 맺고 있었는데 그로부터 영향을 받은 디킨즈가 말년의 작품에서 드릴과 서스펜스에 역점을 두었음을 보면 추리작가로서 콜린즈의 위상이 어느 정도였는지 짐작할 만하다. 어쨌거나 경찰관 탐정 카프의 등장은 그 후 영국 추리소설에서의 탐정의 면모에 또 하나의 전형을 제시한다. 비평가들은 영국 추리소설에 등장하는 탐정들은 대개 카프의 계열이며 영국 추리작가 아더 코난 도일이 창조한 셜록 홈즈도 그 가운데 하나라고 보고 있다. 많은 비평가들이 영국에서의 포우의 후계자로 코난 도일을 꼽고 있으나 진정한 후계자는 역시 콜린즈로 봐야 한다는 견해도 적지 않다.

프랑스 추리소설 속의 탐정

최초의 탐정이 경찰관이라는 점은 프랑스에서도 마찬가지

다. 프랑스의 첫 추리소설에 등장하는 르콕 탐정도 경찰관이다. 르콕 탐정을 창조해 낸 사람은 프랑스 최초의 추리작가 에밀 가보리오(Emile Gaboriau)였다. 영국에서 최초의 추리소설이 발표된 지 6년 후인 1866년 가보리오는 첫 추리소설『를루즈 사건』을 발표하면서 주목을 끌기 시작했다. 어느 통속작가의 조수로 일하면서 작가수업을 쌓던 가보리오는 추리소설을 데뷔작으로 내놓아 '프랑스 추리소설의 원조'라는 칭호를 얻게 되는 것이다. 그러나 그에 대한 평가는 크게 엇갈렸다. 본래 발자크(Honore de Balzac)로부터 영향을 받아 순수소설을 쓰고자 했던 그는 싸구려 잡지의 연재에 매달리면서 독자에게 너무 영합하려 한 것이 그의 가치를 떨어뜨렸다는 것이다.

어쨌거나 흥미로운 것은 르콕 탐정이 첫 작품에서는 경찰관 신분이 아니라 법과대학생 신분으로 설정돼 있다는 점이다. 『를루즈 사건』에서 법학도로서 미궁에 빠질 뻔한 사건을 멋지게 해결한 르콕은『오르시발의 범죄』『문서 113』『황금빛 군악대』 등 뒤이은 작품에서는 뛰어난 성적으로 법과대학을 졸업한 뒤 경찰관 탐정이 되어 맹활약을 하는 것이다. 한데 가보리오가 르콕을 창조해 냈다고는 하지만 실은 모델이 있었다. 앞에서도 잠깐 언급한 프랑소와 비도크라는 인물이다. 프랑스의 추리소설을 이야기하는 데 있어서 비도크는 어떤 상징적 의미의 주인공이며 프랑스 추리소설의 특징을 '경찰 소설'로 지칭하게 한 장본인이기도 하다.

1775년에 태어난 비도크는 본래 프랑스 사회의 전설적인 범죄자였다. 젊었을 때 서커스단의 잔심부름을 하는가 하면 선원생활을 하기도 했던 그는 일찍부터 범죄의 세계에 발을 들여놓고 10여 년간 수많은 범행을 저질렀다. 신출귀몰한 수법으로 경찰의 수사망을 피해 다니는가 하면 설혹 체포돼 감옥에 갇힌다 해도 그때마다 손쉽게 탈옥함으로써 세상을 놀라게 했다. 추리소설의 기법이 도입되기 전 그는 신문에 실리는 이런저런 범죄소설의 화려한 주인공이었다. 그의 범죄 행각이 과장되고 미화돼서 막상 그가 체포됐을 때 사람들은 안타까워하고 아쉬워했다고도 전해진다.

그가 34세의 나이에 마지막으로 체포되었을 당시 폭증하는 범죄를 해결하는 데 골머리를 앓고 있던 경찰은 그에게서 도움을 받기로 했다. 처음에는 경찰의 수사에 협조하는 정도였으나 그의 공이 갈수록 두드러지게 나타나자 탐정국이라는 별도의 기구를 설치해 그에게 책임을 맡겼고, 나중에는 치안경찰감이라는 자리에까지 오르게 되었다. 그는 52세까지 18년 동안 경찰관 노릇을 하면서 2만 명이 넘는 범죄자를 체포하는 혁혁한 전과를 올렸고, 퇴직한 후에는 그의 범죄 수사기록을 3권의 방대한 회고록으로 남겨 범죄수사에 도움이 되도록 했다.

그러나 그는 범죄수사의 기술자는 아니었다. 당연히 그의 추리 능력은 나중에 추리소설에서 읽게 되는 탐정의 추리와는 거리가 멀었고, 범죄수사는 대부분 그 자신의 경험이나 밀고자들의 모호한 고발에만 의존할 수밖에 없었다. 그럼에도 불구하고 그가 본래의 직업경찰보다 훨씬 뛰어난 실적을 올릴 수 있었던 것은 그 자신이 범죄자였으므로 범죄의 구조와 생리를 누구보다 잘 알고 있었기 때문이었다. 그가 활동하던 시대로부터 30여 년이 지난 뒤 가보리오를 비롯한 프랑스의 여러 추리작가들이 그를 기본 모델로 한 탐정을 다투어 창조해낸 것은 당연했다. 범죄는 물론 수사에도 경험이 없던 추리작가들에게 비도크는 탐정의 역할에 대한 많은 것을 가르쳐 주었던 것이다.

비도크가 모델이든 아니든 프랑스 첫 추리소설의 첫 탐정으로 기록되는 르콕은 프랑스 탐정의 전형으로 꼽힌다. 포우의 뒤팽이 천재적인 두뇌만이 가능한 탁월한 추리력으로 사건을 차근차근 해결해 나가는 스타일이라면 르콕은 사건의 중심에 뛰어들어 확실한 증거를 수집하면서 해결해 나가는 스타일이다. 그 뚜렷한 차이는 뒤팽이 '기상천외한 해결 방식'을 제시하는데 비해 르콕은 '과학적인 실증(實證)'을 제시한다는 점이다. 추리소설을 읽는 독자들이 결말에 이르러 '아하, 그렇구나'라고 느낀다면 뒤팽에게서 느끼는 '아하, 그렇구나'와 르콕에게서 느끼는 '아하, 그렇구나'는 분명 차이가 있는 것이다.

후대의 사람들은 뒤팽과 같은 형의 탐정을 가리켜 '안락의자형 탐정'이라고 부른다. 움직이는 모습은 별로 보여 주지 않고 안락의자에 파묻혀 추리력에만 의존해 사건을 해결한다는 뜻이다. 이런 탐정은 독자로 하여금 신비감을 느끼게 하거나 감탄을 자아내게 하는 데는 부족함이 없겠지만 긴박한 현장감이나 실증과학적 측면이 약하다는 아쉬움을 갖게 한다. 르콕 탐정의 등장은 이와 같은 아쉬움에 대한 하나의 대안이었다. 그것은 19세기 중반 이후 현실 과학의 괄목할 만한 발전과도 무관하지 않을 것이다.

탐정의 전형, 셜록 홈즈

그렇게 보면 그로부터 약 20년 후 셜록 홈즈의 출현은 추리소설의 역사에 있어서 매우 중요한 의미를 갖는다. 우선 주목해야 할 것은 홈즈 탐정을 창조해 낸 영국의 추리작가 아더 코난 도일이 의사 출신이라는 점이다. 그는 의사일 뿐만 아니라 화학에 대한 지식은 박사급의 수준이었으며, 그 밖에 여러 분야의 과학에도 해박한 지식과 깊은 관심을 지닌 사람이었다. 추리작가로 명성을 떨치기 전에 『잃어버린 세계』 등 몇 편의 과학소설을 썼다는 점도 흥미롭다. 셜록 홈즈는 이와 같은 도일의 모습 그대로다.

도일은 에딘버러 의과대학을 졸업한 후인 1880년대 초 영국 남부 해안지방의 한적한 마을에서 병원을 개업했다. 하지만 환자가 잘 찾아주지 않는데다가 엎친 데 덮친 격으로 아내마저 중병에 걸려 생활이 몹시 어려웠다. 그 무렵 그는 과학소설과 역사소설을 쓰고 있었으나 반응이 도무지 시원치 않았다. 돈이 필요했고 또한 대중적 인기가 필요했던 그는 일찍부터 구상했던 추리소설 『진홍색의 연구』를 집필하기 시작했다. 1887년 이 작품이 발표되자 본격 추리소설을 고대하던 독자들은 환호했다. 이 작품에서 홈즈 탐정의 활약상은 두드러지지 않았으나 그의 독특하고도 개성적인 면모는 독자들의 뇌리 속에 뚜렷하게 각인됐다. 독자들은 홈즈 탐정의 보다 본격적이고 활기찬 활약을 보고 싶어 했고, 도일은 이 같은 독자들의 기대에 부응해 1891년 6월부터 1년 동안 「스트런드 매거진」에 12편의 연작 추리소설 『셜록 홈즈의 모험』을 발표했다. 이 작품으로 해서 도일과 홈즈의 명성과 인기는 하늘로 치솟았다.

포우가 창조한 뒤팽이 아마추어 탐정인데 비해 홈즈는 최초의 직업 탐정이며, 콜린즈의 카프나 가보리오의 르콕이 경찰관 탐정이었다는 점과도 비교된다. 큰 키에 깡마른 체격, 그리고 매부리코에 사냥모자를 쓴 그의 외관은 오늘날까지 직업 탐정의 전형으로 상징되고 있다. 그는 경찰관 탐정이 아니면서도 '안락의자 형' 탐정처럼 추리력에만 의존해 사건을 해결하는 것이 아니라 사건의 현장에 직접 뛰어드는 '움직이는 탐정'이다. 사건을 해결하는 데 있어서 그의 최대 무기는 모든 사물에 대한 놀라운 관찰력이다. 그는 하나의 조그마한 단서에서 수많은 증거들을 추출해내는 능력을 지녔던 것이다. 예를 들면 어떤 사람의 바지에 묻은 진흙의 색깔과 밀도만 보고서도 그가 런던의 어느 지역에서 어떤 일을 하다가 왔는지 알아낼 수 있는 정도다. 요컨대 그의 사고와 관찰력은 그 이전의 다른 탐정들과는 달리 다분히 실증적이며 과학적이다.

그런데 도일이 셜록 홈즈라는 탐정이 등장하는 추리소설을 쓰기로 마음먹은 것은 이미 의과대학에 다니던 시절부터였다는 이야기도 있다. 이 이야기의 신빙성을 뒷받침하는 것은 의과대학 시절 그의 스승이었던 조셉 벨(Joseph Bell) 박사의 존재다. 벨 박사는 우리 식으로 표현한다면 '관상가' 같다고나 할까, 사람의 외모만 찬찬히 뜯어보고 그 사람에 관한 여러 가지 사실을 추론해내는 비상한 재주를 지니고 있었다고 한다. 물론 '귀납적' 추리다. 도일은 스승의 그런 모습을 지켜볼 때마다 감탄을 아끼지 않았고, '저런 인간형을 소설에 등장시켜 보면 어떨까' 하는 생각을 품게 되었다는 것이다. 특히 벨 박사는 한 임상의학 강의에서 '환자를 진단할 때는 눈과 귀 그리고 손과 머리 등 신체의 모든 기관을 최대한 활용해야 한다'고 말한 적이 있는데 도일은 추리소설을 쓰기 시작하면서 스승의 그와 같은 강의에서 힌트를 얻어 범죄를 해결하는 데 신체의 모든 기관을 동원하는 탐정의 모델을 창안해 냈다는 것이다.

본래 홈즈는 『셜록 홈즈의 모험』의 12번째 마지막 작품인 「마지막 사건」에서 죽는 것으로 설정돼 있었다. 홈즈의 숙적이며 '범죄의 제왕'으로 불리는 모리어티 교수와 스위스의 라이헨바흐 폭포에서 심하게 몸싸움을 벌이다가 함께 폭포에 떨어져 죽는 것이다. 그런데 도일이 그의 작품 속에서 홈즈를 죽게 만든 것은 '도일이 누구인지는 몰라도 홈즈가 누구인지는 안다'는 말이 유행할 만큼 홈즈의 인기가 천정부지로 치솟자 이를 질투한 도일이 홈즈를 아예 죽여 버렸다는 추측까지 나돌았다.

어쨌거나 홈즈의 죽음과 함께 시리즈가 끝나자 독자들의

항의가 빗발쳤고 다시 살려내야 한다는 요구가 끊이지 않았다. 당시 홈즈의 인기는 소설 속에서 홈즈와 조수인 와트슨 의사가 동거하던 런던 베이커가(街) 221번지 B호로 사람들이 몰려들어 '홈즈! 홈즈!'를 연호하는가 하면 그 주소로 실제 사건을 의뢰하는 편지가 연일 쇄도했다는 사실만으로 충분히 짐작된다.

도일은 그와 같은 대중의 요구를 모른 체 묵살할 수가 없었다. 홈즈는 작품 속에서 죽은 지 꼭 1년 만에 되살아났다. 1893년 「스트랜드 매거진」에 연재를 시작한 연작 추리소설의 첫 작품 『빈집의 모험』에서였다. 홈즈의 인기는 절정으로 치달았다. 그가 과학적인 탐정임을 입증하기 위한 논문들이 발표되는가 하면 팬클럽도 생겨났고 홈즈의 박물관도 건립됐다. 홈즈는 아마도 세계의 추리소설 속에 등장하는 수많은 탐정들 가운데 가장 유능하고 가장 매력적인 탐정으로 꼽힐 것이다.

홈즈는 그 모습을 세상에 드러낸 지 1백년이 훨씬 넘는 지금까지도 끊임없이 화제를 뿌리고 있다. 홈즈를 열광적으로 추종하는 전세계 수만 명의 광적인 팬들은 스스로를 '셜록키'라 자처하면서 '셜록키 소사이어티'라는 조직을 만들어 갖가지 행사를 벌이고 있다. 홈즈는 또한 영화 역사상 가장 많은 영화(2백 11편)의 주인공으로 등장한 인물이라는 기록도 가지고 있다.

셜록 홈즈와 아르센 뤼팽

에드가 앨런 포우가 점화시킨 근대 추리소설의 불꽃은 미국에서보다 오히려 유럽 특히 영국과 프랑스에서 활기찬 움직임을 보여 주었다. 19세기 후반에 접어들면서 영국과 프랑스의 추리소설은 각기 나름대로의 전통을 만들어가고 있었다. 그 차이를 한두 마디로 설명하기는 어렵지만 가장 두드러지게 나타나는 특징은 영국의 추리소설이 범죄자에 초점을 맞춘다면 프랑스의 추리소설은 범죄 그 자체에 중점을 둔다는 점이다. 따라서 당연하게 영국 쪽에서는 범죄자의 징벌을 포함한 범죄의 해결에 무게중심을 두는 데 비해 프랑스 쪽에서는 범죄의 묘사에 무게가 실린다.

그와 같은 두 나라 추리소설의 특징을 조화롭게 접합하려 시도한 사람이 프랑스 추리작가 모리스 르블랑(Maurice Leblanc)이었다. 플로베르(Gustave Flaubert)와 모파상(Guy de Maupassant) 등으로부터 문학적 영향을 받았던 르블랑은 본래 심리소설과 풍속소설을 주로 쓰던 작가였다. 젊은 시절 그가 발표한 소설들은 비평가들로부터는 비교적 높은 평가를 받았으나 대중의 호응을 얻는 데는 실패했다. 40세 되던 해인 1904년 그는 한 출판사로부터 의적(義賊)이며 탐정인 인물을 주인공으로 하는 추리소설을 써달라는 청탁을 받았다. 코난 도일의 셜록 홈즈가 바다를 건너와 프랑스에서까지 인기를 모으던 시절이었다. 이렇게 해서 르블랑은 아르센 뤼팽이 등장하는 첫 추리소설『체포된 뤼팽』을 썼는데 출판사의 거듭된 주문으로 한꺼번에 10편의 뤼팽 소설이 빛을 보게 되었다.

르블랑이 작가활동을 시작하면서 언젠가는 자신도 추리소설도 쓰겠다는 생각을 가지고 있었는지는 확실치 않으나 미국의 에드가 앨런 포우에 대해서는 상당한 관심을 가졌던 것 같고, 반면 영국의 추리소설 특히 코난 도일이나 셜록 홈즈 탐정에 대해서는 대수롭지 않게 생각하지 않았나 싶다. 그것은 그의 추리소설의 주인공인 뤼팽의 이름을 포우의 뒤팽에서 따왔다는 점, 그리고 뤼팽의 인간상을 홈즈와는 여러모로 비교되는 인물로 설정했다는 점에서 확연하게 드러난다. 더욱 흥미로운 것은 르블랑이 자신은 도일의 작품을 읽은 적이 없다고 여러 차례 밝혔음에도 불구하고 1908년 뤼팽과 홈즈가 함께 등장하는 『뤼팽 대(對) 홈즈』라는 추리소설을 썼다는 점이다.

흔히 '괴도(怪盜)'라 불리는 뤼팽은 멋진 콧수염을 기르고 포도주와 결투 그리고 여자를 좋아하는 국수주의적 프랑스인의 한 전형이다. 비록 도둑질을 하지만 상대는 부당한 방법으로 큰 재산을 모은 정치인이거나 욕심 많고 악랄한 졸부들이다. 시간을 미리 예고하고 그들의 집에 침입해 값비싼 골동품이나 귀금속들을 훔친 뒤 한발 늦은 경찰을 조롱하며 여유 있게 탈출한다. 변장술에 능해 잠깐 사이에 전혀 다른 사람이 되는가 하면 몸짓·말투·필적까지도 순식간에 바꿔 버린다. 체포돼 감옥에 갇혀도 손쉽게 탈옥하는, 말 그대로 신출귀몰의 대명사 같은 인물이다.

뤼팽과 홈즈를 비교해 보면 재미있는 대목이 많다. 영국인과 프랑스인의 기질적 차이라고나 할까. 우선 성격적으로 홈즈는 신중하고 침착한 데 비해 뤼팽은 재기가 넘치고 자유분방하다. 또한 홈즈가 범죄 해결에 이바지한 자신의 공로나 명성 따위에 별로 신경을 쓰지 않는다면 뤼팽은 '국민적 영웅'처럼 행세하며 애국자임을 자처한다. 특히 뤼팽은 학구적이며 잘난 체하는 전형적인 '영국 신사'를 경멸한다. 바로 홈즈의 면모다. 그럼에도 불구하고 르블랑이 그의 추리소설에서 뤼팽과 홈즈를 두 차례 맞붙게 해놓고 승패 없이 무승부로 끝나게 했다는 점은 의미심장한 바가 있다. 뤼팽을 아무리 만능의 인물로 묘사했다 하더라도 상대적으로 홈즈를 과소평가할 수는 없었던 것일까. 어쨌거나 르블랑은 뤼팽을 창조해 낸 공로로 프랑스 정부로부터 최고의 영예인 레지옹 도뇌르 훈장을 받았다.

새로운 탐정상을 창조하기 위한 노력

20세기에 접어든 이후에도 홈즈와 뤼팽의 인기는 꽤 오래 지속됐음에도 불구하고 탐정의 시대는 점점 저물어가는 것처럼 보였다. 포우로부터 시작된 근대 추리소설은 나름대로 성장하고 있었고, 대중을 흠뻑 도취하게 한 추리작가도 여럿 탄생했으나 홈즈나 뤼팽을 능가하는, 최소한 버금가는 탐정들의 활약을 보기가 어렵게 된 것이다. 무슨 까닭일까. 초인적인 능력의 탐정을 등장시켜 전지전능의 추리력으로 사건을 해결하는 '고전적 추리소설'의 구성 방식에는 분명 한계가 있었고, 새로이 등장하는 추리작가들은 그 사슬로부터 벗어나는 것이 일차적 과제라고 느끼고 있었기 때문이다.

그런 가운데서도 홈즈나 뤼팽과는 색깔이 다른 새로운 인간상의 탐정을 창조해 내려는 추리작가들의 시도는 꾸준히 계속됐다. 19세기 중·후반에 태어난 영국의 애거더 크리스티와 길버트 체스터튼(Gilbert Chesterton) 그리고 리처드 오스틴 프리먼(Richard Austin Freeman), 프랑스의 가스통 르루(Gaston Leroux), 미국의 잭 푸트렐(Jack Futrelle)과 대쉴 해미트(Dashiell Hammet)와 레이먼드 챈들러(Raymond Chandler), 그리고 1900년대 초반에 태어난 프랑스의 조르주 시므농, 미국의 앨러리 퀸(Ellery Queen), 미국 태생이면서 영국에서 활약한 존 딕슨 카(John Dickson Carr) 같은 작가들이다. 물론 시므농의 메그레 경감이나 크리스티의 에르퀼 포와로 그리고 해미트의 샘 스페이드나 챈들러의 필립 마로우처럼 전·현직 경찰관이거나 그 자체가 직업인 탐정들도 눈에 띄지만 엉뚱한 전력을 가졌거나 탐정과는 전혀 무관할 것처럼 보이는 인물들이 사건 해결사로 나선다는 점이 눈여겨볼 만하다.

예컨대 엘러리 퀸의 드루리 레인 탐정은 셰익스피어 극의 배우라는 전력을 가졌고, 체스터튼의 브라운 탐정은 현역 신부이며, 가스통 르루의 조셉 룰르타비유 탐정은 신문기자다. 심지어 크리스티는 탐정 경력이라고는 아무것도 없는 백발의 70대 할머니인 미스 제인 머플을 탐정으로 등장시키기도 한다.

직업만 특이한 게 아니다. 엘러리 퀸이『X의 비극』등의 작품에서 창조해 낸 드루리 레인은 60대의 청각 장애인이지만 상대방이 말하는 입술만 보고 말의 뜻을 알아채는 독순술(讀脣術)로 남과 의사소통을 하는 데 아무런 지장이 없다. 그런가 하면 길버트 체스터튼의『푸른 십자가』등에 등장하는 브라운 신부는 아주 볼품없이 생긴데다가 행동도 느려터진 늙은이다.

가스통 르루의 밀실 트릭을 다룬 출세작『노란 방의 수수께끼』등에서 활약하는 조셉 를루타비유 탐정도 그에 못지않게 흥미롭다. 르루는 뮤지컬「오페라의 유령」의 원작자로서 최근에 이르러서야 우리 나라에도 널리 알려졌다. 그 자신이 신문기자였던 르루는 기자시절의 경험을 살려 를루타비유라는 탐정을 창조했다고 전해진다. 재미있는 것은『노란 방의 수수께끼』에 등장하는 를루타비유가 18세의 애송이 신문기자로 설정돼 있으며, 그는 2년 전인 16세 때 하수도 인부로 변장해 토막 살인사건 발생 이후 찾지 못하고 있던 시체의 왼쪽 다리를 센 강의 하수도에서 발견하고 이 특종 기사를 신문에 제공함으로써 신문기자로 특채된 전력을 가지고 있다는 점이다.

엘러리 퀸은 배우 출신인 드루리 레인 탐정 외에도 작가 자신의 이름이기도 한 엘러리 퀸이라는 추리작가를 탐정으로 등장시켰다. 엘러리 퀸이라는 작가의 이름 자체가 필명(이에 대해서는 뒤에 자세히 언급된다)이므로 작가 스스로가 그의 소설 속에서 탐정으로 활약한다고 할 수는 없지만 어쨌든 특이한 기법임에는 틀림없다. 엘러리 퀸은 물론 작품 속에서도 가명이며 본명은 절대 밝히지 않는다. 『로마 모자의 비밀』 등 작품에 등장하는 엘러리 퀸은 뉴욕 시경 형사의 아들인 추리작가로 설정돼 있다. 그는 아버지의 범죄 수사를 돕다가 본격적으로 탐정이 되는데 범죄를 해결하는 과정에서 이따금 아버지와 충돌하기도 한다.

앞에 열거한 추리작가들이 창조해낸 탐정들 가운데서 특히 주목을 끄는 탐정은 잭 푸트렐의 탐정인 반 두젠 교수와 오스틴 프리먼의 탐정인 손다이크 박사다. 똑같이 1900년대 초에 추리소설 속에서 활약한 이들 두 탐정은 과학자라는 공통점을 지닌다. 철학·법학·의학·치의학 등의 박사학위를 가지고 있는 반 두젠 교수는 미국 보스턴의 한 대학교수이며, 손다이크는 의사이자 법의학자이며 변호사 자격도 가지고 있는 과학수사의 전문가다.

이들의 등장은 오직 추리만으로 사건을 해결하는 종래의 이른바 '안락의자 형' 탐정에 대한 반작용이라 할 수 있다. 곧 뒤팽이나 홈즈 같은 탐정이 하나하나의 단서들을 머릿속에 모아놓고 이를 치밀하게 분석해 실마리를 풀어간다면 이들 과학자 탐정들은 그 단서들을 과학적으로 관찰하고 분석해 확실한 결론을 도출해 내는 것이다. 그럼에도 불구하고 이들이 명성을 얻지 못했던 까닭은 '탐정다운' 특징이 없었기 때문이었다.

작가의 분신들

어쨌거나 이 시기에는 수를 헤아릴 수 없을 만큼 많은 추리 작가들이 명멸하지만 대표적 추리작가는 두말할 것도 없이 영국의 애거더 크리스티와 프랑스의 조르주 시므농이다. 이들이 창조해 낸 탐정들은 경찰관 출신의 직업 탐정인 에르퀼 포와로와 현직 경찰관인 메그레 경감이라는 점에서 그 이전의 전·현직 경찰인 탐정들과 크게 구별되지는 않는다.

사실 크리스티는 '안락의자 형' 탐정을 등장시켜 순전히 추리력에 의존해 사건을 해결케 함으로써 포우로부터 시작된 근대 추리문학의 전통을 계속 이어가려는 의지를 보였다. 한때는 '여류작가로서의 한계'라는 비판을 받기도 했지만 크리스티의 이 같은 노력은 나름대로는 뜻이 있었다. 추리소설이 세월의 흐름에 따라 변모된다 하더라도 그 본래의 모습은 대중의 가슴속에 영원히 살아남아 있을 것이기 때문이다. 그녀의 작품들이 반세기가 넘도록 즐겨 읽히고 있다는 사실로서 충분히 입증되는 셈이다.

크리스티는 그녀 자신이 추리소설의 주인공과 같은 인물이다. 그녀는 작품 속에서 에르큘 포와로와 제인 머플이라는 두 탐정을 창조해 냈는데 그 둘은 작품 속에서의 성격이나 습관 행동 따위가 모두 작가와 닮았다. 독자들이 그녀를 추리소설의 주인공과 같다고 곧잘 말하는 것은 1926년 말 실제로 발생했던 '애거더 크리스티의 실종 사건' 때문이다. 그녀의 나이 35세 때, 데뷔 6년 차로 대표작이라 할 수 있는 『애크로이드 살인사건』을 발표해 주가가 치솟기 시작하던 무렵이었다.

어느 날 크리스티가 갑자기 행방을 감추고 그녀가 타고 다니던 차가 한적한 교외에서 발견된다. 실종 7일째 그녀의 편지가 시동생에게 배달되지만 자신이 아직 살아 있다는 사실만 알릴 뿐 오히려 행방에 대해서는 억측만 자아내게 한다. 마침내 경찰이 행방 수사에 나섰고, 수천 명의 독자들까지 크리스티 찾기에 혈안이 됐다. 하늘에는 정찰 비행기가 떠서 숲속 같은 곳을 살폈고, 크리스티의 애견(愛犬)들은 주인을 찾아 동분서주했다. 실종 12일 째 그녀의 집으로부터 아주 멀리 떨어진 요크셔의 한 호텔에서 신문에 난 크리스티와 사진과 비슷한 여성이 투숙하고 있다는 신고가 들어온다. 남편이 급히 달려가 크리스티인 것을 확인하지만 그녀는 남편을 알아보지 못한다. 한동안 기억상실증에 걸린 것이다.

이 사건은 사실 그대로 크리스티가 기억상실증에 걸린 나머지 발생한 것일 수도 있고, 크리스티 자신이 꾸며낸 사건일수도 있지만 중요한 것은 크리스티가 추리소설 작가이며, 그실종 사건이 마치 추리소설의 한 대목을 연상케 한다는 점이다. 만약 일부의 추측대로 크리스티가 꾸며낸 것이라면 그녀는 실종사건을 소재로 한 추리소설의 범인과 피해자와 탐정이돼보는 경험을 했을 것이다. 사건의 단서 하나하나에 안테나처럼 민감하게 작용하는 그녀의 육감은 그녀의 탐정들에게 고스란히 전수된 것으로 보여 진다.

홈즈의 급격한 인기상승을 질투한 나머지 코난 도일이 작품 속에서 홈즈를 죽게 했으리라는 추측이 나돌았다는 이야기를 앞에 했지만 실제로 탐정의 인기가 비등해지면 상대적으로작가의 명성은 빛이 바랜다. 홈즈의 경우뿐만 아니라 뤼팽의경우도, 메그레 경감의 경우도 그랬다. 그러나 크리스티는 예외였다. 포와로 탐정도 제인 머플 할머니도 상당한 명성을 누렸지만 그들의 모체인 크리스티의 명성을 능가하지는 못했다. '추리소설의 여왕'이라는 타이틀이 한몫 했으리라는 견해, 앞의 실종사건이 그녀의 명성에 빛을 보탰으리라는 견해 따위가있지만 그에 못지않게 중요한 이유는 아마도 크리스티가 그녀의 탐정들을 자신의 분신처럼 사랑했기 때문일 것이다.

사실 대개의 추리소설에 등장하는 탐정들은 그를 창조해낸 작가들의 분신이라고 할 수 있다. 크리스티의 탐정들처럼 성격이나 습관 혹은 행동 따위가 작가와 닮아있는 경우가 많고, 만약 작가와 전혀 다른 유형의 인물이라면 그것은 작가가 추구하는 이상형의 탐정이라고 봐도 틀리지 않을 것이다. 조르주 시므농이 창조해 낸 메그레 경감도 여러 모로 작가와 매우 닮았다고 알려져 있다. 메그레 경감이 현직 경찰관이면서도 그 이전의 추리소설들에 등장하는 경찰관 탐정들과는 확실히 다른 모습을 보이는 것은 시므농의 독특한 개성이 메그레 경감을 통해 그대로 반영됐기 때문이라는 견해가 지배적이다.

시므농이 본격적인 추리작가군(群) 가운데서 따로 떼어져 논의되는 까닭은 무엇보다 그가 일반 소설도 쓰는 추리작가이며, 추리소설도 쓰는 일반작가로 분류되기 때문이다. 벨기에 태생인 그는 17세 때부터 몇 년간 소설을 쓰다가 신문기자 생활을 거쳐 1930년 그의 나이 27세 때부터 메그레 경감을 주인공으로 하는 이른바 '메그레 시리즈'를 내놓으면서 명성을 얻기 시작했다. '메그레 시리즈' 외에는 주로 일반소설에 몰두했는데 그의 자전적 소설인 『혈통표(血統表)』나 『눈(雪)은 오염돼 있었다』 등 일련의 작품들은 독특한 예술적 경지를 개척해 앙드레 지드(Andre Gide) 같은 사람은 그를 가리켜 '우리 시대의 발자크'라고 격찬한 적도 있다.

그러나 몇몇 추리이론가들은 시므농의 그와 같은 작가적 특성이 정통 추리소설을 위험에 빠뜨릴 뻔하게 했다고 비판하기도 한다. 어느 정도의 모호성과 비논리성이 추리소설에서 불가피하게 이용해야 하는 장치임에도 불구하고 시므농은 그 장치의 이용을 철저하게 거부했다는 것이다. 그것은 그의 탐정인 메 그레가 범죄를 둘러싼 수수께끼를 풀어가는 것이 아니라 범죄를 유발한 심리적 배경을 파헤치는 데 주력한다는, 종래의 탐정들과는 다른 독특한 개성의 소유자라는 사실에서 비롯된다.

그 무렵의 추리소설들은 '사건이 발생하고 탐정이 추적에 나서 사건을 해결한다'는 종래 추리소설의 전개 방식을 그대로 답습하면서도 심리학적인 깊이와 사회학적인 현장감을 추구하려는 노력을 게을리 하지 않았고, 시므농은 그와 같은 성향을 지닌 대표적 추리작가였다. 메그레 경감은 침착하고 냉정하며 사색적인 종래 탐정들의 전형은 분명 아니다. 그는 강인하기는 하지만 인정이 있고 의리가 있으며 무엇보다 타인 특히 범죄자에 대한 이해심이 깊은 인간형이다. 따라서 범죄사건을 해결하는 데 있어서도 범행을 '어떻게' 했느냐보다 '왜' 했느냐에서부터 출발한다. 곧 범죄자의 어떤 심리가 범죄를 유발하게 됐느냐 하는 점을 파고든다는 점에서도 종래의 탐정과는 다르다. 그에게는 범죄자 혹은 용의자의 몸짓이나 언행 심지어는 시선까지도 모두 단서가 되며 범죄에 임하는 기본적인 태도가 인간적이기 때문에 사건이 의외로 쉽게 해결되기도 한다.

독자들이 메그레 경감에게서 발견하는 것은 경찰관이나 탐정이 아니라 때로는 감춰져 있는 병까지 치유해주는 의사이며, 때로는 불쌍한 사람을 변호해주는 변호사일 뿐만 아니라 때로는 말 못할 비밀을 들어주는 고해 신부의 모습이기도 한 것이다. 종래의 추리소설 독자들은 사건이 어떻게 해결되느냐,

곧 탐정이 어떻게 사건을 해결하느냐에 촉각을 곤두세웠지만 메그레 경감을 대하는 독자들은 그의 따뜻한 인간미에 공감하고, 저런 상황이라면 나도 범죄자가 될 수 있다는 생각에서 범죄자에게 동정을 느끼기도 한다. 시므농이 정통 추리소설을 위험 속에 빠뜨릴 뻔했다는 지적도 거기에서 연유한다.

그러나 긍정적인 시각으로 보면 시므농은 다만 추리소설의 새로운 유형을 추구했을 따름이다. 구성이나 형식은 제쳐놓더라도 메그레와 같은 탐정의 색다른 인간상만으로도 독자들로 하여금 추리소설의 또 다른 멋과 맛을 느끼게 한 것이다. 그것은 그 무렵의 다른 추리소설들에 등장하는 탐정들의 유형이 그 이전의 탐정들과 크게 다를 것이 없는데도 성격이라든가 외형상의 작은 차이만으로도 독자들은 새로움을 느꼈다는 사실로서 입증된다. 가령 크리스티의 포와로 탐정은 '키가 아주 작고 고개가 한 쪽으로 기울어진 대머리에다 왁스로 굳힌 코밑 수염'이 특징이며, 머플 탐정은 순전히 경험과 기억력만으로 사건을 해결하는 키가 작고 뚱뚱한 백발의 70대 할머니다.

체스터튼의 브라운 탐정은 신부라는 직업도 특이하지만 땅딸막한 키에 어딘가 어수룩하고 얼빠져 보이는 품이 탐정과는 좀처럼 어울리지 않는다. 그러나 그는 범인의 심리를 관찰하면서 혹은 그 자신이 범인의 입장이 되어 사건을 연역적으로 추리한다는 점에서는 메그레보다 다소 앞섰던 탐정인 셈이다. 다만 비현실적인 감각으로 사건을 해결한다는 점이 보다 발전적인 면모를 보이지 못했을 뿐이다. 어쨌거나 19세기 후반부터 20세기 초반에 이르는 기간 동안 이처럼 여러 가지 유형의 탐정이 등장하고 있음은 그 이후의 추리소설이 다양화로 치달을 것을 예고하는 징후이기도 했다.

이제까지 주로 미국·영국·프랑스 추리소설의 작가와 작품 그리고 그 속에 등장하는 탐정들에 관해 가급적 연대기적으로 기술했다. 한데 흥미로운 것은 이들 세 나라를 앵글로색슨(미국과 영국) 계통과 프랑스로 양분하여 추리소설적 특성의 차이를 논한 글들이 많이 나와 있다는 점이다. 이것은 그들의 민족적 특성이 나름대로 추리소설의 어떤 전통을 수립하게 했는가를 이해하게 하는 데 매우 중요한 역할을 한다. 가령 에드가 앨런 포우·코난 도일·길버트 체스터튼 등으로 대표되는 앵글로색슨 계통 작가들의 추리소설이 탐정에 의해 좌지우지되는 소위 '탐정 놀이'에 주안점을 두고 있다면, 에밀 가보리오·모리스 르블랑·조르주 시므농 등으로 대표되는 프랑스 작가들의 추리소설은 멜로드라마적 구성에 신경을 쓴다는 시각이다.

이와 같은 기질적 특징은 당연하게 탐정들의 활약에도 보이게 혹은 보이지 않게 영향을 미친다. 포우의 뒤팽이나 도일의 셜록 홈즈 그리고 체스터튼의 브라운 신부가 이론가 혹은 추론가로서의 기질이 강해 '기하학적 정신'을 갖추고 있다면, 가보리오의 르콕이나 르블랑의 아르센 뤼팽 그리고 시므농의 메그레 경감은 활동적이며 직감적인 인물들로서 '섬세함의 정신'이 있다는 것이다. 그것은 앞에서도 언급한바 셜록 홈즈와 아르센 뤼팽의 탐정으로서의 기질적 차이에서도 잘 나타나고 있다.

새로운 시도들, 유형의 다양화

'하드 보일드' 형 추리소설의 등장

에드가 앨런 포우를 근대 추리소설의 원조로 본다면 미국은 당연히 추리소설의 발전을 앞장 서 이끌어 갔어야 할 나라다. 한데 어쩐 일인지 포우의 전통을 계승한 나라는 미국이 아니라 오히려 영국과 프랑스였다. 물론 포우 이후에도 미국에서 수많은 추리작가들이 쏟아져 나오기는 했지만 그들의 작가적 생명은 하나같이 짧았다. 까닭은 자명하다. 포우의 빛이 너무 강렬했기 때문이다. 그들은 포우를 능가하기를 갈망했지만 그의 아류에서 맴돌았고, 새로운 것을 보여 주는 데 실패했던 것이다.

그런 대로 기록에 남길 만한 추리작가로는 애너 캐더린 그 린(Anna Katharine Green)을 꼽을 수 있다. 그 정도의 평가도 최초의 여류 추리작가이며, 최초의 여성 탐정을 창조해 냈다 는 프리미엄이 작용한 탓이라면 너무 가혹할까. 그녀는 포우 가 세상을 떠났을 때 겨우 세 살이었다. 그녀는 젊었을 때 포 우의 소설에서 영향을 받고 아버지가 형사사건 전문 변호사였 던 관계로 추리소설을 쓰기는 했지만 미국에서의 추리소설이 시들해 있었기 때문에 주목을 끌지 못했다.

그나마 그녀가 막상 빛을 보기 시작한 것은 미국에서 새로 운 스타일의 추리소설이 각광을 받기 시작한 1920년대 후반 그녀의 나이가 70대 중반에 들어섰을 때부터였다. 그녀는 90 세까지 살았고 30여 편의 작품을 남겼으며 최초의 여류 탐정 으로 기록되는 바이올릿 스트레인지를 창조해 낸 작가로 유명 하다.

1920년대 후반부터 미국에서 첫선을 보인 일련의 추리소설 들이 포우로부터 시작된 근대 추리소설의 경향과 매우 동떨어 진 느낌을 주는 데는 나름대로의 까닭이 있다. 그것은 또 포우 가 세운 추리소설의 전통이 미국에서 제대로 계승되지 못한 까닭과도 무관하지 않다. 우선 포우가 창안한 정통 추리소설 의 형식이 포우를 뛰어넘지 않는 한 미국인의 기질을 만족시 킬 수 없었다는 점을 꼽을 수 있다. 서부개척 정신이 몸에 밴 미국인들은 추리소설에서도 행동주의적 요소가 깃들기를 기 대했다. 또한 20세기 초·중반에 걸친 시기는 정치적·경제적·

사회적으로 두루 불안했던 데다가 곳곳에서 횡행하는 무법자들이 독자 아니 대중으로 하여금 소설 속에서 통쾌한 권선징악(勸善懲惡)의 모습을 볼 수 있게 되기를 갈망하게 했던 것이다.

어떤 의미에서 이 무렵 미국에 이른바 '하드 보일드(hard-boiled)' 형 추리소설이 등장한 것은 무법이 판치는 사회, 정의가 실종된 사회 부패가 만연한 사회에 대한 일종의 반작용이었다. 사람들은 악당들이 무고한 시민을 살해해도, 권력을 사고 팔기 위해 검은 돈의 뒷거래가 오가도, 온갖 불의에 대해 법을 집행하는 경찰이 팔짱만 끼고 있어도 모른 체해야 했다. 주먹은 늘 법보다 가까이 있었고, 사람들은 모든 악을 속 시원하게 퇴치해주는 영웅의 출현을 고대했으나 영웅은 나타나지 않았다. 이때 홀연히 나타난 것이 실존의 영웅이 아닌 소설 속의 영웅이었다. 곧 '하드 보일드' 형 추리소설의 주인공들이었다.

'하드 보일드'는 본래 미국 문단에서 문체 양상의 하나를 이야기할 때 쓰였다. 흔히 미국 작가 어네스트 헤밍웨이(Ernest Hemingway)에 의해 확립됐다고 하는데, 헤밍웨이의 대표적 단편인 「살인자들」은 그것을 뒷받침하는 중요한 근거 가운데 하나일 뿐만 아니라 '하드 보일드' 스타일의 문체적 특징을 가장 적절하게 드러내고 있다. 「살인자들」에서 쉽게 엿볼 수 있지만 이런 스타일로 씌어진 소설에서는 화자의 개입이 철저하게 배제되고 행동과 사건들은 주로 대화와 묘사에 의해서만 제기된다. '하드 보일드' 스타일을 구사하는 작가는 자신의 역할을 '피사체를 포착하는 카메라의 눈'으로 제한시킨다. 문체의 하나를 지칭하던 이 말이 '하드 보일드 픽션'이라는 소설 장르를 형성하면서, '간결하고 속된 대화와 냉정한 묘사에 의해, 잔인하고 유혈로 가득 찬 장면을 냉혹하게 객관적으로 묘사한 작품'을 일컫게 된 것이다.

'하드 보일드'라는 영어 단어에는 '비정한' 혹은 '냉혹한'이라는 뜻과 함께 '현실적인' 혹은 '실제적인'이라는 의미가 내포돼 있다. 따라서 선과 악 혹은 정의와 불의의 극한적인 맞대결을 통해 현실의 어떤 면을 생동감 있게 보여 주는 것이 '하드 보일드' 추리소설의 본령이다. 소설 속에 혜성처럼 나타난 정의롭고 활기찬 주인공들이 영웅의 출현을 고대하던 독자들을 사로잡은 것은 당연한 일이었다. '하드 보일드' 추리소설이 지향하는 이 같은 경향은 '안락의자 형' 탐정이 등장해 추리만으로 사건을 해결하거나, 범죄사건의 발생과 해결에 '왜' '어떻게'만을 집요하게 추궁하는 종래의 추리소설과는 크게 구별된다.

미국 추리소설의 황금기

'하드 보일드' 형 추리소설이 등장하기 직전인 1920년대 후반부터 서서히 일기 시작한 미국 추리소설 붐에 앞장 선 작가는 26년 첫 작품인 『벤슨 살인사건』을 발표하면서 활동을 시작한 반 다인(S.S. Van Dine)이었다. 에드가 앨런 포우가 첫 추리소설 「모르그가의 살인사건」을 발표한 지 실로 80여 년 만의 일이다. 본명이 W.H. 라이트인 그는 하버드 대학교 출신으로 20대부터 30대 초반까지는 비평가·편집자로 활약하다가 35세 때 큰 병을 앓고 난 후 회복기에 2천 권이 넘는 미국과 유럽의 추리소설을 독파하고 스스로 추리소설을 쓰기 시작했다.

미국 추리소설 황금기의 불꽃을 점화한 반 다인은 현학적(衒學的)이며, 유희적 논리성을 앞세운 『그린 가(家) 살인사건』 『주교 살인사건』 등 일련의 작품들로 갈피를 잡지 못하고 있던 미국의 추리소설 작단에 새로운 방향을 제시했다. 또한 그는 추리소설의 이론을 체계화했으며, 그가 남긴 '추리의 20개 법칙'은 그 이후의 추리작가들에게 추리소설을 쓰는 데 반드시 참고해야 할 교과서 같은 역할을 했다.

지금은 다소 색이 바랬지만 '수수께끼를 해결할 때는 독자에게 탐정과 동등한 기회를 주어야 한다. 즉 단서는 명확하게 기술되어야 한다' '작중의 범인이 탐정에 대해서 행하는 속임수나 술책이 아닌 한 독자를 속이는 기술을 사용해서는 안 된다' '범인은 이론적 추리를 통해 판정되어야 한다' '범죄의 수수께끼는 자연법칙에 따라 풀려야 한다'는 등 그의 '20개 법칙'은 당시로서는 추리작가들이 반드시 지켜야 할 철칙이었다.

반 다인에게서 직접적인 영향을 받은 엘러리 퀸이 그가 데뷔한 지 3년 후 『로마 모자의 비밀』로 화려하게 데뷔하며, 비슷한 시기에 마침내 미국 '하드 보일드' 형 추리소설의 창시자로 불리는 대쉬엘 해미트가 『피의 수확』으로, 그리고 그로부터 10년 후에는 '하드 보일드' 형 추리소설을 반석 위에 올려놓은 레이먼드 챈들러가 『거대한 잠』으로 등장한다.

엘러리 퀸은 데뷔하자마자 주목을 끌만한 여러 가지 요소를 지니고 있었다. 엘러리 퀸은 필명이고 데뷔작은 이종사촌 간이며 동갑내기인 맨프레드 리(Manfred Lee)와 프레데릭 더네이(Frederic Dannay)의 합작이었다. 이들은 청소년 시절부터 셜록 홈즈 탐정에 매료되는 등 추리소설에 관심이 많았으나, 각기 다른 직업에 종사하다가 반 다인의 데뷔작을 읽고 합작 추리소설을 쓰기로 의견을 모았다. 때마침 어떤 잡지사에서 추리소설을 공모하자 이들은 합작한 『로마 모자의 비밀』을 엘러리 퀸이라는 필명으로 투고해 당선됐다. 1928년 이들의 나이 불과 23세 때였다.

이들은 필자의 이름과 똑같은 엘러리 퀸이라는 탐정을 등장시켜 제목에 프랑스, 네덜란드, 그리스, 이집트 등 나라 이름이 들어가는 이른바 '국명(國名) 시리즈'를 연달아 내놓았다. 추리작가 엘러리 퀸과 탐정 엘러리 퀸의 인기가 정상을 치닫자 이번에는 버너비 로스라는 필명으로 『X의 비극』으로 시작되는(『Y의 비극』 『Z의 비극』으로 이어진다) 이른바 '비극 시리즈'를 내놓기 시작했다. '비극 시리즈'에는 드루리 레인이라는 새로운 탐정을 등장시켰는데 시리즈가 끝날 때까지 사람들은 버너비 로스와 엘러리 퀸이 동일 인물임을 전혀 눈치 채지 못했다. 1942년 한 기자의 추적으로 엘러리 퀸과 버너비 로스가 동일인임이 밝혀지면서 이들의 정체도 폭로됐다. 이들은 서지

「EQMM」 1971년 6월호.

학적으로 추리소설을 연구했으며, 「EQMM(엘러리 퀸 미스터리 매거진의 머리글자를 딴 것)」이라는 추리 잡지를 발간해 추리문학의 발전에도 크게 기여했다.

엘러리 퀸과 같은 해에 등단한 해미트는 가세의 몰락으로 어린 시절을 불우하게 보내고 작가가 되기 전에는 앞에 언급한바 최초의 사립 탐정회사인 '핑커튼'사의 탐정이었다. 건강 때문에 탐정생활을 계속할 수 없게 된 그는 요양원에서 생활하면서 탐정 시절의 경험을 살려 주로 통속적인 추리소설을 쓰다가 1927년부터 「블랙 마스크」지에 연재한 『피의 수확』이 1929년 단행본으로 출판되면서 각광받기 시작했다. 한 사립탐정이 악한들에 의해 장악한 거리에 나타나 맞대결을 벌인 끝에 이들을 소탕한다는 이야기의 이 소설은 간결하고 사실적인 문체로 출간 즉시 폭발적인 반응을 불러일으켰다. 후에 앙드레 지드 같은 작가는 이 작품을 가리켜 '잔혹하고 공포스러우며 냉소적이라는 점에서는 완벽하다'고 격찬했다.

그는 시나리오에도 능해 많은 영화의 시나리오를 썼는데 자신의 소설을 각색한 영화 「몰타의 매」는 1941년 거장 존 휴스턴(John Huston)이 감독하고 험프리 보가트(Humphrey Bogart)가 주인공인 샘 스페이드 탐정 역을 맡아 큰 성공을 거두었다. 그의 소설에도 물론 탐정은 등장하지만 『피의 수확』의 '나'나 '몰타의 매'의 샘 스페이드가 보여 주는 것처럼 냉혹하고 비정하며 자신의 신념에 따라서만 행동하는 '하드 보일드' 형 탐정의 전형이다. 요컨대 그의 탐정들은 사건을 추리해서 범인이 누구냐를 밝혀내는 데서 그치지 않고 악당들과의 정면 대결로 악 그 자체를 퇴치하는 행동주의자들인 것이다.

해미트보다 꼭 10년 후인 1939년 『거대한 잠』으로 등단한 레이먼드 챈들러는 추리소설의 리얼리티와 문학성을 누구보다 강조한 작가였다. 51세에 이르러서야 겨우 추리소설계에 얼굴을 내밀 수 있었던 그의 삶은 파란만장하고도 드라마틱했다. 여섯 살 때 이혼한 어머니를 따라 영국으로 이주해 그곳에서 소년시절을 보낸 그는 청년시절 여러 나라를 전전하다가 20대 후반에 다시 미국으로 돌아와 10년이 넘도록 계속 직장을 옮겨 다녔다. 44세 때 잦은 건망증과 지나친 음주벽으로 회사에서 해고된 그는 해미트처럼 싸구려 대중잡지에 추리소설을 발표하기 시작했으나 6, 7년이 지나도록 이름조차 제대로 알려지지 않았다.

직장을 그만두기 2년 전인 42세 때 무려 18년이나 연상인 60세의 여성과 결혼해 세간에 화제를 뿌리기도 했으며, 첫 장편인 『거대한 잠』이 호평을 받으면서 전업 추리작가로 발돋움했다. 해미트의 경우와 마찬가지로 그의 데뷔작인 『거대한 잠』도 그 자신에 의해 시나리오로 각색돼 영화로 만들어졌는데 역시 험프리 보가트가 주인공인 필립 마로우 탐정 역을 맡아 성공을 거두었다. 54년 아내가 84세로 죽자 다시 폭음하다가 한때 정신병원에 갇히기도 했으나 58년 마지막 작품을 출판하고 이듬해 세상을 떠났다.

그의 일생을 살펴보면 그가 본격적으로 추리소설을 쓴 기간은 20년이 채 안된다. 그나마 죽기 전 5년은 술에 파묻혀 지냈으므로 그의 추리작가 생활은 겨우 15년 남짓하다. 그럼에도 불구하고 그가 추리소설계에 하나의 이정표를 우뚝 세울 수 있었던 것은 그의 선천적 재능에서 비롯된 것이라고밖에 생각할 수 없다. 그의 문장은 간결하고 명쾌하며 사실적이어서 흔히 어네스트 헤밍웨이와 비교된다. 특히 그는 추리소설의 이론에 관한 많은 글을 남겼는데 「살인 기법과 최소한의 것들」과 「추리소설에 관한 몇 가지 고찰」이 대표적이다. 후에 비평가들은 그 이론들을 토대로 하여 '추리의 9가지 규칙'을 만들어 내기도 했다. 그 가운데서 주목할 만한 대목은 '추리소설은 양립할 수 없는 두 개의 관점, 곧 수수께끼형과 폭력적 모험 가운데 하나를 택해야 한다'는 것이다. 챈들러는 추리소설을 정통적 추리 기법과 '하드 보일드'의 양대 산맥으로 구분하고 그 자신은 '하드 보일드'를 선택했던 것이다.

20세기 중반 이후의 스파이, 서스펜스 소설

그러나 챈들러의 이와 같은 구분법을 20세기 중반 이후의 추리작가들은 따르려 하지 않았다. 1백년 남짓한 기간 동안 정석적인 추리소설의 개념으로부터 서스펜스·드릴러·하드 보일드 등 수많은 하위 개념들이 계속 파생됐다면 수수께끼형과 폭력적 모험만이 추리소설을 지탱케 하는 요소일 수 없었고, 그것은 결국 챈들러 이후에 속속 입증된 것이다. 무엇보다 추리소설은 과학의 발전과 궤를 같이 할 수밖에 없으며, 정치·경제·사회적인 변동 상황과도 무관할 수 없기 때문이다.

가령 '과학수사'라는 단어를 생각해 보자. 지금은 범죄를 수사하는 데 있어서 생물학·화학·물리학·생화학·독물학·혈청학 등 자연과학 분야에서부터 범죄심리학·사회학·철학·논리학·법의학 등 사회과학 분야에 이르기까지 폭넓고 다양한 학문이 동원된다. 어느 나라에나 그와 같은 학문을 활용하는 기구도 여럿 있다. 우리 나라의 국립과학수사연구소 같은 곳이다. 그런 학문들이 등장하기 이전의 범죄수사와 등장한 이후의 범죄수사는 달라질 수밖에 없고 마땅히 달라야 하는 것이다.

그러나 20세기 초반까지만 해도 대개의 범죄수사는 단순한 증거가 사건 해결의 중요한 열쇠였고, 심증(心證)에 의한 수사가 주류였다. 심증이란 곧 생각에 의해 발견해낸 증거지만 그것이 항상 옳을 수는 없다는 문제를 지닌다. 그러한 시대의 추리소설이 추리력에만 의존해 사건을 해결하는 탐정들의 이야기였다고 해서 이상할 것은 하나도 없다. 범죄는 범죄대로, 수사는 수사대로 갈수록 과학화돼가는 마당에 추리소설이 과학화되지 못하고 제자리걸음을 하고 있다면 어떨까. 아마도 독자들은 시대착오적이라며 등을 돌릴 것이다.

'하드 보일드' 형의 추리소설이 추리하는 탐정으로부터 행동하는 탐정으로의 이행(移行)이라면 20세기 중반 이후 스파이나 첩보 혹은 서스펜스(가슴을 졸이게 하는)나 드릴(가슴을 오싹하게 하는) 등을 내세운 추리소설들은 생각하고 추리하는 종래의 소설로부터 과학화된 소설로의 이행이라고 할 수 있다. 이들 소설에도 물론 탐정이나 비슷한 역할을 해내는 인물들이 등장하기는 하지만 그들은 이미 범죄사건의 해결에만 주력하거나 악당과 맞대결을 펼치는 정의파 탐정의 역할이 아니라 범죄의 원인과 결과를 과학적으로 실증해 보이는 탐구자의 역할인 것이다.

그러나 20세기 중반 이후의 스파이 소설이나 서스펜스 혹은 드릴러 소설이 포우로부터 시작된 정통 추리 기법을 의도적으로 도외시한 것은 물론 아니다. 가령 스파이 소설은 정통 추리 기법과 '하드 보일드' 형 기법의 혼합형이라고 보면 별로 무리가 없고, 서스펜스 소설은 탐정과 범인과 희생자가 등장한다는 점에서 정통 추리소설과 크게 다르지 않지만 대개 희생자가 이야기의 중심에 서있다는 데 약간의 차이가 있을 뿐이다. 사실 독자들이 오랜 세월동안 정통 추리소설에 매료됐던 것은 사실적이냐 아니냐의 문제를 떠나(오히려 비현실적이고 환상적이라는 점이 매력의 포인트일 수 있었지만) 그 독특한 형식과 기법에서 비롯된 것이기 때문에 만약 현대의 추리소설들이 새로움을 추구했다 해도 정통 추리소설의 영향으로부터 완전히 벗어났다면 큰 성공을 거둘 수 없었을는지도 모른다.

실제로 포우가 근대 추리소설이라는 새로운 장르를 개척하고 1세기가 지난 뒤의 상황을 살펴보면 추리작가들이 끈질기게 추구한 것은 추리소설의 다양화였다. 온고지신(溫故知新)이라고나 할까. 그들은 정통적인 형식과 기법을 기본으로 삼으면서도 여러 가지 시도로서 나름대로의 새로움을 보여 주려 애썼던 것이다. 가령 영국의 에릭 앰블러(Eric Ambler)의 경우를 보자. 본래 순수문학으로 작품활동을 시작한 그는 30대가 넘어서면서 정통 추리작가로 변신했다. 『디미트리오스의 가면』등 몇몇 작품들로 상당한 성공을 거두었으나 40대에는 스파이물 추리소설로, 50대에는 서스펜스물 추리소설로 계속해서 여러 모습을 보여 주었다.

비슷한 시기에 활동한 미국의 윌리엄 아이리시(William Irish)도 마찬가지다. 그는 1940년 『신부(新婦)는 검은 옷을 입었다』라는 소설로 데뷔했는데 이 작품은 정통 추리기법을 배제한 순수한 서스펜스 물이었다. 그러나 2년 후 추리와 서스펜스를 융합한 『환상의 여인』으로 세계적인 추리작가의 반열에 올랐으며, 다시 몇 년 후에는 '신 서스펜스 물'이라는 새로운 분야를 개척했다. 그는 흔히 영화계의 앨프리드 히치코크(Alfred Hitchcock) 감독에 비교된다. 또한 '페리 메이슨 시리즈'

로 유명한 미국의 스탠리 가드너(Stanly Gardner)는 종래의 '하드 보일드'에다 법정 추리를 가미한 새로운 스타일을 들고 나와 명성을 얻었다. 그는 25년간의 변호사 경험을 토대로 정통 추리소설에서의 탐정의 역할을 변호사(페리 메이슨)로 대체시켜 80여 권의 시리즈를 내놓았다.

그런가 하면 스파이(첩보) 형의 추리소설은 20세기 이후 두 차례에 걸친 세계대전과 동·서 간의 냉전의 영향이라고 할 수 있다. 정통 추리소설이 탐정과 범인 사이에 벌어지는 쫓고 쫓기는 양상으로 전개된다면 이 계열의 작품들은 국가조직 간의 맞대결 양상으로 전개된다는 점이 특징이다. 미국 CIA와 옛 소련 KGB 간의 대결이 주류다. 기법상으로는 종래의 퍼즐 형 추리에다가 '하드 보일드' 형 추리를 혼합한다. 007 시리즈로 유명한 영국의 이언 플레밍(Ian Flemming)과 본명이 데이비드 콘월이며 『추운 나라에서 온 스파이』 등으로 널리 알려진 영국의 현역작가 존 르 카레(John Le Carre)가 대표적 작가다. 특히 존 르 카레는 얼마 전 자신이 실제로 1960년대에 영국 첩보기관에 소속된 스파이로서 동독 등지에 잠입해 활동한 적이 있다고 털어놔 화제가 됐었다. 서스펜스 물과 드릴러 그리고 스파이 소설들은 20세기 중반 이후 가장 많이 영화화된 장르다.

두 개의 흐름

탐정 없는 추리소설의 등장

이제까지 1841년 미국의 에드가 앨런 포우가 근대 추리소설을 개척한 후 1백년 남짓한 기간 동안 추리소설이 어떻게 발전·변모해 왔는가 주로 미국·영국·프랑스를 중심으로 약술했다. 포우의 전통을 계승했다고는 하지만 영국과 프랑스는 물론 미국조차도 끊임없이 추구했던 것은 추리소설의 '보편성'이 아니라 나름대로의 '특수성'이었다. 바꿔 말하면 추리소설이라는 장르를 존속시키고 발전시키기 위해서는 각국의 특수성을 살린 새로움을 추구해 나가야 한다는 데 인식을 같이 했다는 뜻이다.

그것은 추리소설을 일컫는 명칭이 나라마다 다르다는 데서도 잘 나타난다. 미국에서는 '신비롭고 수수께끼 같은 이야기'라는 뜻의 '미스터리 스토리(mystery story)'라 하고, 영국에서는 탐정소설이라는 뜻의 '디텍티브 스토리(detective story)'라는 표현을 주로 쓴다. 그런가 하면 프랑스에서는 경찰소설이라는 뜻의 '로망 포리세(roman policier)'라 하고, 독일에서는 범죄소설이라는 뜻의 '크리미날 로만(criminal roman)'이라는 말을 즐겨 쓴다. 이런 명칭만으로도 각 나라 추리소설의 특성을 어느 정도 짐작할 수가 있다.

근대 추리소설의 뿌리는 똑같으면서도 세월이 흐를수록 나라마다의 색깔이 더욱 분명해진다는 사실은 무엇을 의미할까. 어떤 하나의 현상에 만족해 거기에만 매달려 있다가는 추리소설의 존재가치는 퇴색하고 마침내 고사(枯死)하고 말 것이라는 뜻이 함축돼 있다. 에드가 앨런 포우 이후 헤아릴 수조차 없는 수많은 추리작가들이 명멸했다. 그들 중에는 대가(大家)라고 불릴 만한 사람도 많았다. 그러나 A는 A로 족하고, B는 B로 족하다. 탐정도 마찬가지다. 계속해서 새로운 C, 새로운 D가 나와야 하는 것이다. 독자들은 1백 50년 전, 1백 년 전의 작가나 탐정을 원하지 않는다. 명작은 명작대로, 명탐정은 명탐정대로 독자들의 가슴속에 영원히 살아남겠지만 그뿐이다.

추리소설이 시대의 흐름에 따라 변해야 하는 이유는 당연하다. 무엇보다 추리소설의 가장 중요한 소재가 되는 살인의 동기가 시대의 변화에 따라 달라져 왔기 때문이다. 이와 관련한 흥미로운 견해가 있다. 살인에 대해 남다른 관심과 흥미를 가지고 있는 영국 작가 콜린 윌슨이 그의 『현대살인백과』에서 쓴 견해는 이렇다.

불과 2백 년 전까지만 해도 범죄를 저지르는 대부분의 동기는 먹을 것과 마실 것을 구하기 위해서였다. 자기가 살아가기 위해 훔치기도 하고 사람을 죽이기도 한 것이다. 성범죄는 사실상 찾아볼 수 없었다. 그러나 19세기 중엽에 이르면서 먹을 것과 살 곳에 대한 걱정이 없어지자 변화가 생겼다. 성범죄가 두드러진 사회현상으로 등장한 것이다. 20세기 중반에 들어서면서부터 살인 등 중범죄의 유형은 그 동기가 모호하거나 아예 없는 수준으로 바뀌었다. 범인이 자신의 '자존심을 살리기 위해' 범행을 저지르는 경우도 많았다. 어떤 살인자는 단순히 '유명해지기 위해' 사람을 죽였고, 또 어떤 범죄자는 로마 교황이나 대통령 혹은 유명한 연예인들을 희생자로 선택했다. 그들 범죄자의 거의 공통된 특징은 지능지수가 아주 높다는 점이다.

추리작가들도 그런 점을 의식했던지 독자들이 기대하는 변화의 물줄기는 이미 20세기 중반부터 흐르기 시작했다. 그 흐름은 두 개의 지류(支流)로 갈라진다. 그 하나는 '탐정이 등장하지 않는 추리소설'이요, 다른 하나는 '순수소설의 추리세계로의 틈입'이다. 20세기 중반에 들어서기 이전까지만 해도 탐

애거더 크리스티(Agatha Christie).

정이 등장하지 않는 추리소설은 추리소설이 아니었다. 그러나 대다수의 독자들은 이제 탐정의 역할은 끝났다고 생각했다. 아니, 어쩌면 그때까지의 탐정들보다 더 기막힌 솜씨를 지닌 탐정들이 등장하면 그 이전 명탐정들의 빛이 바랠 것을 두려워했는지도 모른다.

1976년 '미스터리의 여왕'으로 불리던 영국의 여류 추리작가 애거더 크리스티가 85세의 고령으로 세상을 떠났다. 그녀는 죽기 전에 마지막 작품으로 『커튼』을 썼는데 그 작품에서 에르큘 포와로 탐정을 죽게 만들었다. 자신의 죽음을 예감하고, 자신이 죽은 후에도 포와로 탐정을 살아 있게 해서는 안 되겠다고 생각했던 것일까. 그 책이 출판됐을 때 미국의 시사주간지 「타임」은 포와로가 마치 실존 인물인양 부음(訃音)란에 그의 죽음을 알렸다. 이것은 '탐정의 시대'의 종언(終焉)을, 최소한 퇴조했음을 알리는 상징적 의미가 있었다. 미국의 몇

몇 추리작가들이 고집스럽게 그들의 작품에 탐정을 등장시키기는 했지만 이미 수십 년 전부터 세계의 추리소설에서 탐정은 자취를 감춰가고 있었던 것이다.

'탐정이 등장하지 않는 추리소설'의 전조는 1930년을 전후한 하드 보일드·서스펜스·드릴러의 시대부터 이미 시작되고 있었다. 이들 소설에는 탐정이 등장하지 않거나 설혹 등장한다 해도 추리만으로 범죄사건을 해결하는 것이 아니라 행동으로 범인들과 맞대결을 펼치는 모습이었다. 탐정을 아예 없애고 범죄행위의 심리적 측면에 역점을 둔 대표적 추리작가는 영국의 줄리언 시먼즈(Julian Symons)다. 그는 본래 시인이며 비평가이자 전기작가였으나 1950년대부터 추리소설을 쓰기 시작했다. 첫 작품인 『2월 31일』에서부터 『영국의 궁지』『자살자』 등 일련의 작품에서 그는 살인의 흉악성 그리고 그런 흉악성을 보이게 하는 범인의 심리적 배경을 리얼하게 묘사하는데 주력했다. 그는 종래의 추리소설에서 기상천외한 방법으로 사건을 해결하는 탐정의 활약상을 '놀이' 혹은 '게임'으로 치부하면서, '온화하고 상냥하며 정의로운 체하는 얼굴들 뒤에 숨어있는 잔인성을 파헤치는 역할은 범죄소설밖에는 없다'고 주장했다. 요컨대 그가 추구한 것은 범죄소설이요, 범죄심리소설이었다.

그 뒤를 이어 미국 출신의 영국 여류 추리작가 패트리셔 하이 스미스(Patricia High Smith)는 이례적으로 완전범죄를 시도했다. 1955년에 발표한 『재능있는 리플리 씨』가 대표적인 작품이다. 야망을 위해 친구를 죽이고 완전범죄를 꿈꾸는 한 청년의 이야기를 다룬 이 소설에도 물론 탐정은 등장하지 않는다(이 소설은 1960년 프랑스에서 르네 클레망(Rene Clement) 감독 알랭 들롱(Alain Delon) 주연,「태양은 가득히」라는 제목으로 영화화됐는데 영화에서는 범행이 밝혀지는 것으로 각색됐다). 살인사건을 해결하지 못하는 탐정은 탐정이라고 할 수 없으므로 완전범죄를 다룬 이 작품에 탐정이 등장하지 않는 것은 당연하다. 그런 점에서 하이스미스도 시먼즈와 같은 유형의 범죄소설을 추구하는 추리작가라고 할 수 있다.

이 시기에도 미국에서는 여전히 대쉴 해미트나 레이먼드 챈들러가 새로운 전통으로 확립한 이른바 '하드 보일드'형의 추리소설이 판을 쳤다. 로스 맥도널드(Ross Macdonald)는 루 아처라는 비정하지만 멋쟁이인 탐정을 등장시켜 탐정의 역할에 대한 독자의 인기가 아주 식은 것은 아니라는 사실을 보여 주었다. 그러나 미국의 추리작가들이 추구하는 것은 역시 다양성이다. 새로움의 최대공약수가 아직 정립되지 않고 있을 뿐이다.

범인이나 범행에 초점을 맞추는 영국의 추리소설들에 비해 같은 시기 프랑스의 추리소설들은 희생자 혹은 피해자 쪽에 역점을 둔다는 점에서 영국과는 확연하게 구별된다. 대표적인 작가가 피에르 보왈로(Pierre Boileau)와 토마 나르스작(Thomas Narcjac)이다. 1900년대 초 비슷한 시기에 태어난 이들은 똑같이 추리소설 대상을 받게 된 인연으로(보왈로가 1938년에, 나르스작이 10년 후인 1948년 수상했다) 1950년대부터 공동작업을 시작했다. 이들은 합작으로 1954년부터 매년 한 편씩 괴기스러운 분위기의 서스펜스 장편소설을 내놓았는데, 탐정의 역할을 포기하고 범인으로부터 위협을 받고 있는 희생자의 입장에 주력한 것이 특징이었다.

이렇게 보면 탐정과 범인과 희생자가 함께 등장하고 그 중 탐정이 주인공으로 나서서 사건을 해결하는 종래 추리소설의 정석화된 공식은 포우가 근대 추리소설을 탄생시킨 후 1세기 만에 그 주인공이 탐정(미국)과 범인(영국)과 희생자(프랑스) 등 세 갈래로 나뉘게 된 셈이다. 그리고 앞으로 21세기 이후 추리소설이 어떤 모습으로 변하게 될는지는 아무도 섣불리 예단할 수가 없다.

순수문학의 추리기법 수용

탐정의 배제와 함께 20세기 중반 이후 추리소설의 흐름에서 보이는 또 다른 특징은 순수문학이 추리문학의 기법을 폭넓게 포용하고 있다는 점이다. 여러 가지 정황으로 봐서 이들을 정통적인 혹은 본격적인 추리문학으로 간주하는 데는 문제가 있지만 또 다른 관점에서 보자면 이제까지 추리문학과 순수문학을 구분지어 온 보이지 않는 경계가 앞으로 언젠가는 허물어질지도 모른다는 예감을 갖게 한다. 이러한 경향을 쉽게 이해하기 위해서는 10여 년 전 독일에서 간행된 『현대문학의 근본개념』에서 다음의 몇 대목을 인용하는 것이 매우 적절

할 것 같다.

1950년대 이래로 수많은 작가들은 바로 탐정 문학의 형식을 선택하여 이를 해체시킴으로써 탐정 문학의 토대를 이루고 있는 인식 요구를 부조리한 것으로 만들고자 하였다. 이러한 해체는 여러 가지 급격한 양상을 띠고 있다. 비교적 평범한 양상의 변형을 살펴보면 탐정은 자신이 가지고 있는 이성의 원칙을 따라서 살인사건을 해명해내지만 우연한 사건이 개입되거나 외부의 폭력에 의해서 범인을 체포하여 손상된 질서를 다시 회복하지는 못한다(①). 탐정 문학을 보다 급격한 방식으로 해체시킨 텍스트에서는 수수께끼 같은 범죄가 더 이상 해결될 수 없고 현실은 점차 미궁의 세계로 드러나며, 탐정의 입장에서도 그 어떤 실마리가 한 번도 주어지지 않게 된다(②). 종국에 가서 범죄 사건은 텍스트의 미궁적인 구조에 대한 하나의 상징이 되고 독자는 이의 해결을 포기하게 되는 것이다(③).

이 글은 ①의 예로 스위스 작가인 프리드리히 뒤렌마트(Friedrich Durrenmatt)의 『약속』(1958)과 이탈리아 작가인 움베르토 에코(Umberto Eco)의 『장미의 이름』(1980)을, ②의 예로 프랑스 작가인 알렝 로브그리예(Alain Robbe-Grillet)의 『지우개』(1953)와 역시 프랑스 작가인 미셸 뷔토르(Michel Butor)의 『일과표』(1956)를, 그리고 ③의 예로 러시아 출신의 미국 작가 블라디미르 나보코프(Vladimir Nabokov)의 『희미한 불』(1962)과

독일 작가 페테르 한트케(Peter Handke)의 『행상인』(1967)을 각각 들고 있다. '탐정 문학'에 대한 이 글은 '포스트모던적인 탐정 문학의 해체는 전통적인 게임 규칙에서 벗어나 있을 뿐만 아니라 오늘날의 통속적인 탐정 문학 역시 실험적이며 전통을 파괴하는 경향을 점차 나타내고 있다'고 끝을 맺는다.

누구나 알다시피 인용된 작가들은 세계적으로 명성을 떨쳐 온 작가들이다. 물론 그들은 추리적 기법의 소설들로 독자들에게 강한 인상을 심어주기는 했지만 그들을 추리작가로 지칭하는 독자는 거의 없다. 중요한 것은 이들이 종래의 추리소설(인용된 글에서는 '탐정 문학'으로 표현되고 있지만)을 선택하되 이를 해체시킴으로써 종래 추리소설의 토대를 이뤄 온 인식의 요구를 부조리한 것으로 만들었다는 점이다. 더욱 눈여겨봐야 할 대목은 오늘날의 추리소설 역시 실험적인 성향을 추구하면서 1세기 이상 굳건하게 자리잡아 온 추리소설의 전통을 스스로 파괴하는 경향을 보이고 있다는 지적이다.

추리 문학과 20세기 중반 이후 세계 예술 사조(思潮)의 가장 중요한 경향으로 꼽히는 이른바 '포스트모더니즘' 계열의 문학은 개념상 대칭될 수밖에 없다는 강력한 주장에도 불구하고 포스트모더니즘을 추구하는 일단의 작가들이 추리 문학과의 접목(接木)을 시도하고 있음은 매우 이례적인 현상이라고 할 수 있다. 종래의 정통 추리소설을 선호하던 독자들은 그들의 작품을 어떻게 받아들일 것인가.

가령 에코의 『장미의 이름』에 등장하는 탐정 역할의 윌리엄 수도사는 아리스토텔레스(Aristoteles)의 논리학과 토마스 아퀴나스(Thomas Aquinas)의 신학 그리고 로저 베이컨(Roger Bacon)의 경험주의적 통찰을 주무기로 삼으면서 복잡한 기호와 암호화한 문서를 해독하는 인물로 설정돼 있다. 그런가 하면 뒤렌마트의 『법』이라는 추리소설을 보면 정계와 재계의 실력자가 고급 레스토랑에서 친구를 권총으로 살해하는데 몇 테이블 건너에서 식사하던 그 지역 경찰국장이 달려와 현장을 수습하는 장면이 나오며, 신출내기 변호사는 그가 살인자라는 확신을 가지고 있으면서도 살인자가 아니라는 가정 하에 재조사에 나선다. 에코의 경우에는 추리소설로 읽기에는 너무 난해하다고 푸념할 것이고, 뒤렌마트의 경우에는 추리소설의 공식에서 벗어난다고 의아해 할 것이다.

그러나 그것은 독자의 문제일 뿐 작가의 문제는 아니다. 새로운 경향, 특이한 흐름의 추리소설로 받아들이면 그만이다. 이제까지 그랬던 것처럼 추리소설은 앞으로도 계속 다양한 모습을 보일 것이고 이런 형식의 추리소설을 좋아하는 계층의 독자들은 따로 형성될 것이다. 앞에 거명된 작가의 상당수가 그 동안 추리소설의 전통을 고수해 온 미국·영국·프랑스의 작가들이 아닌 다른 나라의 작가들이라는 점도 그와 관련해서 관심을 가져볼 만한 현상이다. 이들 세 나라 외의 나라에서도 추리소설 내지는 추리적 기법의 소설들에 본격적인 관심을 갖기 시작했다는 근거일 수 있다.

변방의 추리소설들

신화·설화 속의 추리소설

　따지고 보면 추리소설이 미국·영국·프랑스 등 몇몇 나라만
의 전유물인 것은 아니다. 앞에서도 언급한 바 있지만 지구상
에는 신화나 설화가 없는 나라는 거의 없고, 그 신화나 설화
가운데는 오늘날의 추리소설을 연상케 하는 요소들이 수없이
많다. 우리나라의 경우만 해도 귀신이나 영웅 등의 설화에 추
리소설적 요소를 담고 있는 것들이 많고, 조선조에 이르러서
살인 등 범죄사건을 해결하는 암행어사의 활약상이 펼쳐지는
구전(口傳)설화도 적지 않다. 특히 19세기 초 정약용(丁若鏞)
이 쓴 『흠흠신서(欽欽新書)』는 형옥(刑獄)에 관한 법제를 다

룬 책인데 살인 등 범죄사건이 발생했을 때 이를 조사해서 해결하고 치죄하는 방식이 사뭇 추리소설을 연상케 한다.

18세기 중반 곧 1750년대쯤 씌어진 것으로 추정되는, 추리소설과 꽤 닮은 필사본 소설이 한 편 전해진다. 작자 미상의 『정수경전(鄭壽景傳)』이라는 제목의 소설인데 씌어진 시기가 확실하다면 미국의 에드가 앨런 포우보다 1백년 가량 앞섰다고 봐야 할 것이다. 그 내용은 이렇다. 경상북도 안동지방에 정수경이라는 이름의 수재 소년이 있었다. 그가 과거를 보러 서울로 올라가는데 한 점쟁이가 나타나 흰 종이에 누런 대나무를 그려주며 위급한 상황에 처하면 쓰라고 일러준다. 중도에 해가 저물어 어느 재상의 집에 묵게 되는데 그 집의 무남독녀에게는 액운이 있어 시집가기 전 외간남자와 하룻밤을 보내지 않으면 상부(喪夫)할 팔자라는 이야기를 듣고 처녀와 동침한다.

과거에 급제하여 임금의 총애를 받고 출세가도를 달리던 수경은 어떤 세력가의 딸과 결혼하게 되는데 첫날밤 괴한이 침입해 신부를 칼로 찔러 죽이고 도망치는 사건이 발생한다. 꼼짝없이 살인혐의를 뒤집어쓰고 사형에 처해질 위기에 빠진 수경은 오래 전 점쟁이에게서 받았던 흰 종이를 내놓지만 아무도 그 의미를 해석하지 못한다. 때마침 어떤 재상의 딸이 자기가 사건을 해결하겠노라고 나선다. 종이를 건네받은 그녀는 한참 생각하다가 수경의 처가 하인들을 모두 모이라 한 다음 이 가운데 백황죽(白黃竹)이라는 자가 있으면 나오라고 명한다. 한 사내가 쭈뼛쭈뼛 앞으로 나서자 그녀는 그를 범인으로 지목한다. 그녀는 수경이 과거 길에 하룻밤 동침한 재상의 무남독녀였다……는 이야기다. 흰(白) 종이와 누런(黃) 대나무(竹)가 살인범의 이름을 예언했다는 것이다.

점쟁이를 등장시키는 등 추리소설의 원칙에 벗어나는 부분이 적지 않지만 살인사건이 있고 사건 해결을 위해 추리력이 동원된다는 점에서 추리소설의 형식에 상당히 근접해 있다고 볼 수도 있다. 우리 민족도 추리 형식의 소설에 일찍부터 관심을 가지고 있었음을 보여 주는 한 예라고 할 수도 있는데, 그러나 우리 나라에 현대적 의미의 추리소설이 도입된 역사는 매우 짧다.

우리 나라의 추리소설

1918년 「태서문예신보」에 코난 도일의 『세 학생의 모임』이 최초로 번역 소개된 이후 미국과 유럽의 명작 추리소설이 잇달아 소개됐지만 창작물로는 1920년대 중반 아동문학가인 방정환(方定煥)이 어린이 잡지에 발표한 몇 편의 추리소설이 최초로 기록되는데 이는 소년을 대상으로 한 작품이기 때문에 본격적인 추리소설의 상륙이라고 보기는 어렵다.

채만식(蔡萬植)이 1934년 조선일보에 발표했던 탐정소설 『염마(艶魔)』가 1980년대 후반에 발굴돼 이를 우리 나라 추리소설의 효시로 봐야 한다는 주장이 제기됐지만 그가 순수문학작가인데다 추리소설은 단 한 권에 그치고 있어 역시 우리 나라 추리소설의 개척자는 1935년부터 활동을 시작한 김내성(金來成)으로 간주하는 것이 타당할 것이다.

그러나 서양의 추리소설이 우리 나라에 도입된 시기가 언제냐 혹은 누가 처음으로 추리소설을 썼느냐 따위를 캐는 일은 별로 의미가 없다. 나라를 빼앗기고 언어를 빼앗긴 채 36년간 일제의 통치를 받았기 때문이다. 그럼에도 불구하고 포우가 근대 추리소설의 불꽃을 점화한 지 1백년 가까이 돼서야 겨우 터를 잡기 시작한 우리 나라 추리소설 개척기의 중심에 김내성이라는 걸출한 작가가 우뚝 서있음은 우리 나라 추리소설의 가능성을 긍정적으로 점치게 하는 증거라고 봐도 좋을 것이다.

김내성은 1930년대 초 일본 와세다 대학교 독문학과를 졸업하고 35년 일본의 추리 잡지 「프로필」에 추리소설 『타원형 거울』을 발표하면서 데뷔했다. 그의 데뷔 작품이 추리소설이었다는 점은 획기적이라고 할만 하나 일본에서 일본어로 씌어졌다는 점은 아쉬움으로 남는다. 이듬해까지 일본에 머물면서 몇 편의 추리소설과 비평을 발표한 그는 곧바로 귀국해 37년 2~3월 조선일보에 『가상 범인』을 연재하면서 본격적인 활동을 시작했다. 그 무렵에도 몇몇 작가들이 추리소설을 쓰고 있기는 했지만 실험적 성격이 강했고, 문학성도 떨어져 대중적 호응을 얻지 못하고 있었다. 이에 비해 김내성은 추리 이론은 물론 문학 전반에 걸친 해박한 지식으로 무장되어 있었으며 타고난 '스토리 텔러'의 기질로 해서 독보적 위치를 구축하는 데는 오랜 시간이 걸리지 않았다.

39년 약 8개월에 걸쳐 조선일보에 연재한 『마인(魔人)』은 유명한 서양 추리작가들의 작품에 필적할 만한 걸작이었고, 이로써 우리도 추리소설다운 추리소설을 갖게 된 셈이었다. 그는 수많은 장·단편 추리소설과 비평으로 추리의 불모지에 씨를 뿌리고 얼마간의 열매를 거두는 역할까지 홀로 도맡았으나 그 나름의 문학적 위상 때문에 일반 소설을 병행하지 않을 수 없었고, 48세라는 한창 나이에 세상을 떠남으로써 우리 나라 추리소설의 발전은 그만큼 더디게 되었다.

김내성 이후 우리 나라 추리소설의 상황은 정중동(靜中動)이라는 표현이 알맞을 것이다. 눈에 띄는 두 가지 현상은 우선 일반 소설을 쓰는 작가들 가운데 몇몇이 추리소설을 시도하고 있다는 점, 그리고 1960~70년대 이후 전업 추리작가들이 대거 등장하고 있다는 점이다. 베스트셀러의 반열에 오르는 추리소설들도 이따금 나오고 있으며 추리 독자의 저변확대도 어느 정도는 이루어진 듯싶다. 그러나 무엇보다 중요한 것은 우선 작가층은 더 말할 것도 없고 독자층도 폭넓게 확산돼야 한다는 것이다. 추리문학에 대해서 올바른 이해와 해박한 지식을 갖춘 뛰어난 작가들이 더 많이 등장해야 하며, 독자의 계층도 다양화돼야 한다는 뜻이다. 추리소설이 그것을 즐기는 극히 제한된 사람들만의 전유물이어서는 더 이상의 발전을 기대하기 어렵다.

따라서 지금부터라도 어떤 획기적인 전환점을 마련해야 하며 그 일차적인 책임은 현재 활동하고 있는 추리작가들에게 있다. 단회적인 '흥행'만을 염두에 둔다면 결코 좋은 작품이 나올 수 없다. '가치 있는 작품'과 '잘 팔리는 작품'이 결국 구별되고 만다는 사실은 이미 여러 경우에서 확인된 바 있다. 어차피 순수문학과의 구별은 불가피하겠지만 지나치게 통속적이거나 저속 일변도로 흐르지 않고 한국적인 특수성을 살리는 추리소설로서 독자의 친근한 벗으로 자리매김해 나가는 일이 과제다. 근년에 이르러 추리소설을 지망하는 유능한 신인들이 적지 않게 등장하고 있다는 사실은 매우 고무적이다.

일본과 중국의 경우

한국에 비하면 같은 아시아권이면서 일본과 중국은 사정이 약간 다르다. 우선 일본의 경우 정통 추리소설 기법의 도입은 우리 나라보다 10여 년밖에 빠르지 않지만 발전의 속도나 독자의 호응도는 괄목할 만한 면이 있다. 그 일차적 공로는 일본 추리소설의 개척자로 불리는 에도가와 란포[江戸川亂步]에게 돌려져야 할 것 같다. 본명이 히라이 타로오[平井太郎]인 그는 청년시절 미국과 유럽의 추리소설을 탐독한 뒤 29세 때인 1923년 잡지에 『이전동화(二錢銅貨)』라는 작품을 발표하면서 데뷔했는데 이때 필명으로 사용한 에도가와 란포라는 이름은 근대 추리소설의 원조인 미국 작가 에드가 앨런 포우의 이름을 일본식으로 변형시킨 것이다. 그는 드릴과 서스펜스로 가득 찬 수많은 추리소설을 발표했지만 작품활동 외에도 일본 추리소설의 발전에 이바지한 여러 가지 업적과 추리소설 이론의 체계화 그리고 후진 양성에도 큰 업적을 남겨 '일본 추리소설의 아버지'로 불리는 데 부족함이 없다.

그의 뒤를 이어 요코미조 세이시[橫溝正史]가 본격 추리소설로, 마쓰모토 세이조[松本淸張]가 사회파 추리소설로 전후(戰後) 일본의 추리소설 붐에 앞장섰으며 1970년대 이후에는 모리무라 세이이치[森村誠一]가 이른바 '증명(證明) 시리즈'를 내놓아 베스트셀러 추리작가로 군림하고 있다. 일본에서는 추리소설의 판매량이 전체 소설 판매량의 절반이 넘을 정도로 추리소설의 인기가 높다. 그러나 그와 같은 인기의 실체를 파헤쳐 보면 반드시 긍정적인 것만은 아니다. 일본에서 순수문학과 대중문학은 엄격하게 구분돼 있고, 이른바 '엔터테인먼트' 문학이라 불리는 대중문학의 큰 몫을 말초적이며 흥미 일변도의 추리소설들이 차지하고 있다. 그래서 'XX살인사건'이라는 표제만 붙어있으면 무조건 팔리게 돼 있는데, 그런 까닭에 '추리소설은 한 번 읽고 버리는 것'이라고 생각하는 독자들도 많다고 하니 일본에서의 추리소설의 붐은 꼭 바람직한 현상만은 아닌 것 같다.

중국의 경우는 좀 특수하다. 중국이 서양의 정통 추리소설을 접한 것은 청조(淸朝) 말기인 1902년 코난 도일의 『셜록 홈즈의 모험』이 잡지에 번역 소개된 것이 최초라고 기록돼 있는데 중국에는 옛날부터 오늘날의 추리소설에 비교될 수 있는 '공안(公案) 소설'이라는 고전 소설의 한 양식이 존재해 있었다. '공안'이란 본래 두 가지 뜻을 지니고 있는데, 하나는 '국가 공공기관의 문서'이며 다른 하나는 '관청에서 조사를 요하는 사건'이다. 두 가지를 합친 의미로서 보자면 오늘날의 '재판 기록'에 가깝다. 공안소설이 언제부터 시작됐는지 확실치는 않으나 『사기(史記)』에 공안소설과 흡사한 「혹리열전(酷吏列傳)」과 「순리열전(循吏列傳)」이 있는 것으로 봐서 매우 오래 전부터 존재했음을 알 수 있다. '혹리'는 가혹한 관리를 뜻하고, '순리'는 모든 것을 법에 따라 처리하고 백성들의 아픈 곳을 긁어주는 관리를 뜻하는데 이들이 주로 각종 민·형사 사건을 처리했다.

시대의 흐름에 따라 다소의 차이는 있지만 살인 등 범죄사건이 발생했을 때 판관이나 지방장관이 수사관의 역할을 맡아 해결에 나선다는 중국 전통적 공안소설의 내용은 오늘날의 추리소설과 비슷한 점이 많다. 그러나 사건의 해결보다는 사건이 해결된 뒤 범인의 처벌에 무게를 둔다는 점, 그리고 귀신이 등장한다든가 해몽(解夢)이나 점괘 따위가 사건 해결의 단서를 제공하기도 한다는 점 등은 추리소설의 영역에서 크게 벗어난다. 공안소설의 이런 약점 때문에 서양의 추리소설이 도입된 후 중국의 현대 추리소설은 오히려 빠르게 발전하고 있다.

흥미로운 것은 중국의 공안소설이 유럽에 번역 소개된 일이 있다는 사실이다. 20세기 중반 네덜란드의 작가 R.H. 반

굴리크가 대표적 공안소설 가운데 하나인 『무측천사대기안(武側天四大奇案)』을 현대적으로 번안한 추리소설 『적판관이 해결한 세 살인사건』을 선보인 것이다. 더욱 관심을 끄는 것은 사실 여부는 확인되지 않았으나 중국의 공안소설이 이미 19세기 초 미국에 소개돼 포우가 여기서 힌트를 얻어 추리소설을 쓰기 시작했다는 주장이 제기되기도 했다는 점이다.

추리소설로서는 결함이 많은 공안소설이 중국 추리소설의 모태라고는 해도 중국의 추리소설은 무한한 발전 가능성을 안고 있다. 굴곡이 심한 역사와 다양한 사건들이 무궁무진한 소재의 보고(寶庫) 역할을 할 것이기 때문이다. 수많은 추리작가들이 등장해 새로움과 특수성을 보이려 안간힘을 쓰고 있지만 아직 독자들의 반응이 추리소설의 본바닥에는 훨씬 미치지 못하고 있다.

일본의 추리소설도 나름대로의 특수성을 살려나가는 데는 이렇다 할 성공을 거두지 못하고 있지만 미국이나 유럽의 몇몇 나라를 제외한 지역에서 추리소설이 오랜 세월 동안 활성화되지 못하고 있는 까닭은 추리소설이라는 독특한 문학 양식을 자기 나라만의 특수한 토양(土壤)에 제대로 접목시키지 못하는 데 가장 큰 원인이 있지 않나 생각된다. 앞에서도 언급했지만 미국의 '미스터리', 영국의 '디텍티브', 프랑스의 '포리세' 등 각 나라의 추리소설을 일컫는 명칭의 의미를 되새겨보면 그 나라 추리소설이 지향하는 바를 어느 정도는 짐작할 수 있을 것이다. 추리문학의 전통을 살려나가되 추리문학에 대한 끊임없는 인식의 전환이 전제되지 않고서는 발전은 물론 자리매김조차도 꾀할 수 없다는 뜻이다.

　무엇보다 중요한 것은 어느 나라나 추리문학이 발전하기 위해서는 우선 추리소설이 대중성을 유지해야 하는 것은 어쩔 수 없다 하더라도 당당한 문학의 한 장르로서 다른 장르의 문학과 어깨를 나란히 할 수 있도록 위상을 끌어올려야 한다는 점이다. 독자는 추리소설이 읽고 버리는 소모품이 아니라 다른 장르의 문학에서는 얻을 수 없는 새로운 가치를 창출해내는 문학이라는 점을 항상 염두에 둬야 하며, 작가는 자신이 대중작가 혹은 통속작가라는 의식을 떨쳐버리고 항상 노력하고 새로움을 추구하는 예술가의 자세로서 창작에 임해야 할 것이다.

참고문헌

김화영 편역, 『소설이란 무엇인가』, 문학사상사, 1986.

빅토르 츠메가치 & 디터브로흐마이어, 류종영 외 옮김, 『현대문학의 근본개념 사전』, 솔, 1996.

송덕호, 「추리소설의 유형」, 『추리소설이란 무엇인가』, 대중문학연구회.

이상우, 『이상우의 추리소설탐험』, 한길사, 1991.

이선영 엮음, 『문예사조사』, 민음사, 1997.

콜린 윌슨 외, 최현 옮김, 『현대 살인 백과』, 범우사, 1990.

토마스 불핀치, 최혁순 옮김, 『그리스·로마 신화』, 범우사, 2002.

한용환, 『소설학 사전』, 문예출판사, 1999.

한국영어영문학회 편, 『English Language and Literature』, 1979.

Bryforski, Dedria & Mendelson, Phyllis(ed),. 『Contemporary Literary Criticism』, Detroit: Gale, 1978.

큰글자 살림지식총서 114

추리소설의 세계

펴낸날	**초판 1쇄 2015년 5월 28일**

지은이	**정규웅**
펴낸이	**심만수**
펴낸곳	**(주)살림출판사**
출판등록	**1989년 11월 1일 제9-210호**

주소	**경기도 파주시 광인사길 30**
전화	**031-955-1350** 팩스 **031-624-1356**
기획·편집	**031-955-4671**
홈페이지	**http://www.sallimbooks.com**
이메일	**book@sallimbooks.com**

ISBN	978-89-522-3129-1 04080

※ 이 책은 큰 글자가 읽기 편한 독자들을 위해
   글자 크기 15포인트, 4×6배판으로 제작되었습니다.